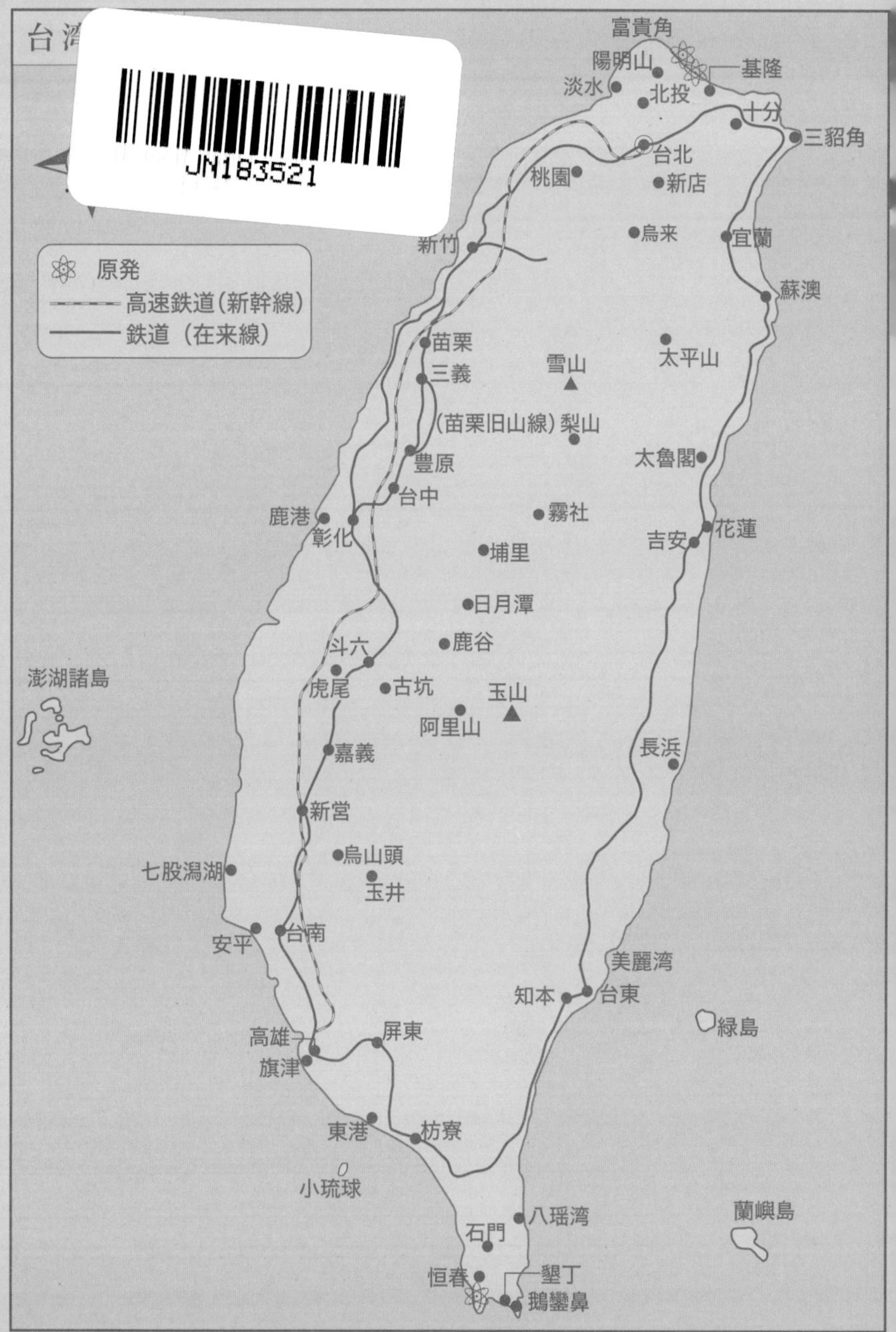

台湾
原発
高速鉄道(新幹線)
鉄道（在来線）
富貴角
陽明山
基隆
淡水
北投
十分
三貂角
台北
桃園
新店
烏来
宜蘭
新竹
蘇澳
苗栗
太平山
雪山
三義
(苗栗旧山線)
梨山
豊原
太魯閣
台中
霧社
鹿港
彰化
花蓮
吉安
埔里
日月潭
鹿谷
斗六
虎尾
古坑
玉山
阿里山
澎湖諸島
長浜
嘉義
新営
烏山頭
玉井
七股潟湖
安平
台南
美麗湾
知本
台東
緑島
高雄
屏東
旗津
東港
枋寮
小琉球
八瑶湾
蘭嶼島
石門
恒春
墾丁
鵝鑾鼻

私の台湾見聞記

歩き考えた「国のかたち」

朝日新聞元アジア総局長
津田邦宏 著

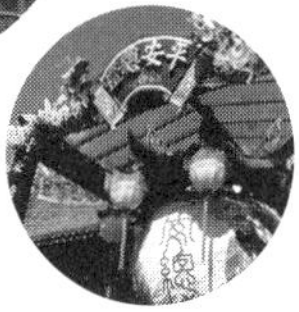

高文研

はじめに

　東アジアの一角に位置する台湾は、ユニークな島だ。西は台湾海峡を挟んで中国歴代王朝がその興亡を青史に伝え、東は黒潮沿いに琉球王国が生まれ、流れの先には日本があった。東シナ海を中心に大陸と日本、そして朝鮮半島には、皇帝、王、将軍が統治者として君臨していた。国王の出現を見なかった台湾は三者が紡ぎ出してきた時代を共有することなく埋もれ続ける。一九世紀末、日本が植民地とするまで全島を網羅した形で東アジア史に登場することはなかった。

　台湾はアジアとヨーロッパが遭遇する大航海時代、航行中のポルトガル人が「イラ・フォルモサ（麗しの島）」と呼んで初めて、人々の記憶に名を留める。緑豊かな島は一六二四年、列強に遅れてアジアに進出してきたオランダが南部の安平《あんぺい》を根拠としたことで、支配者と被支配者とで構成される社会を初めて経験する。島にはわずかな先住民と大陸から移住してきた人たちの集落があったが、抵抗する術を持たなかった。オランダの狙いはあくまで中国大陸にあり、台湾全島を統治する意図はなかった。同じ時期に東部海岸を北上したスペインも、「反清復明」を旗印に大陸反攻を企てた鄭成功《ていせいこう》もまた、全島に勢力を及ぼすことは眼中になかった。清朝の時代に入って移民は増え続けるが、実質的な版図は西部地域に限られ、中央山地から東部は王朝にとっては与《あず》り知らない化外の地だった。

　台湾を一つの存在として捉えた最初の国家は日本だった。明治政府は一九世紀半ばの琉球処分で琉球王国を琉球藩とした後、沖縄県設置によって「琉球」の名を消滅させる。その延長には台湾領有があり、日清戦争後の下関条約で野望を実現させる。台湾を得た日本は、教育、保健医療から鉄道、米作、製糖などのインフラを整備、近代社会の体裁を整えていく。

日本が第二次大戦に敗れ、五十年続いた植民地・台湾は終焉を迎える。中華民国・国民党政府は連合国を代表する形で実効支配に着手、「台湾は再び中国の領土となり、すべての土地と住民は中華民国の主権下に入る」と宣言したものの、多くの台湾人が虐殺された二・二八事件は「光復」を信じた台湾人に深い絶望と悲しみを与える。アジアの多くの植民地が帝国主義国家から解放されて国づくりを目指す中、国家の骨格というものに恵まれなかった台湾に独立に向けた動きは鈍く弱かった。台湾ナショナリズムを喚起する風土には程遠かった。

一九四九年、毛沢東《もうたくとう》率いる共産党との国共内戦に敗れた蒋介石《しょうかいせき》は、台湾に中華民国の名称を残し、新たな外来政権となる。その年から三十八年間も続いた戒厳令は、人々が日々「いつ拘束されるのか」という恐怖に苛まれる白色テロの時代を生んだ。一方で七一年の国連脱退は、台湾の人たちに国際社会を頼ることなく自立しなければ、という思いを抱かせた。東西の冷戦は長い戒厳令下の台湾をいわば真空地帯化させ、「台湾人」という理念を育む時間的な余裕を与える。

台湾人の社会は李登輝《りとうき》総統の誕生に始まる。八八年、蒋経国《しょうけいこく》総統が任期を二年残して死去、李副総統の昇格によって台湾は初めて台湾人の国家元首を持った。李総統は九〇年、一つの中国という前提のもとで中国と対等の立場で話し合う用意がある、と述べ、台湾が大陸とは別の政治実体であることを明確にする。前年の天安門事件によって民主社会への萌芽を潰した中国とは異なる、台湾人による台湾のスタートだった。

新生台湾はまだ、四半世紀の歴史しか持たない若い国だ。国際社会はこの若い国を、国家ではなく地域と位置付ける。中国は台湾統一に向けた動きを加速させている。台湾は現状のまま存続するのか、あるいは「台湾国」に踏み切るのか。中国の一部として生きていくのか。その決断の時期がいつになるかはわからない。そして台湾人が自らの手で針路を選択できるかもまた、定かではない。

台湾は南北三百九十四キロ、東西の最大幅百四十四キロの本島と、澎湖《ほうこ》諸島、金門《きんもん》群島、馬祖《まそ》列島、緑島《りょくとう》などの島々からなる。三万六千平方キロの面積は九州の約八五パーセントの広さだ。山地が三分の二を占め、海抜三千メートル以上の高山は六十二座ある。最高峰は玉山（旧日本名、新高山）の三千九百五十二メートル。台湾海峡は大陸との距離が最も狭い所で百三十一キロ。金門島は台湾本島とは二百七十キロ離れ、福建省アモイ（厦門）とは十キロの距離だ。中西部の嘉義《かぎ》を北回帰線が通り、北側が亜熱帯、南側が熱帯に分類されている。

人口は二千三百五十万人。「漢人」が九八パーセントを占め、第二次大戦前から住む「本省人」は八四パーセントになる。大戦後に大陸から移り住んだ「外省人」は一四パーセントで、台湾で生まれ育った家族も「外省人」としてカウントされる。最近は本省、外省という区分けが薄れ、台湾人意識を持つ人が多い。先住民は二パーセント、五十万人。アミ族、パイワン族など十四の山地先住民がいる。平野部に暮らしていた平地先住民は結婚などによってすでに漢人に同化した。公用語は中国語（普通話）。一般的には台湾語（閩南語《びんなんご》）が使われている。ほかに客家語《はっかご》を話す人たちもいる。

二〇一三年の域内総生産（ＧＤＰ）四千八百九十三億米ドルは、世界で二十六番目、アジアでは七番目に位置する。一人当たり住民総所得の一万八千三百七十三米ドルも世界三十七位の数字だ。輸出は三千五十四億米ドル、輸入は二千六百九十九億米ドル。対中輸出入が全体に占める割合は輸出が四〇パーセント、輸入が一五パーセント前後で推移している。基本通貨は台湾圓（台湾ドル、元）。

本書の地名、人名の漢字表記は原則として当用漢字を充て、基本的に日本語読みのルビを入れた。食べ物は中国語読みのルビとした。年齢、公人の肩書などは取材時のデータとした。

◆——もくじ

はじめに……1

I　春の訪れを桜花で知る

❇陽明山の開花をニュースが伝える……10
❇東門の貴族市場は庶民のものになった……15
❇永康街の小籠包は上海から来た……20
❇昭和町骨董市場は大陸客が上客だ……25
❇台北の地下鉄で博愛座を勧められる……29
❇桐花が土城の山を雪化粧する……35

II　国王はいなかった

❇オランダは安平を無傷で手に入れた……40
❇台南は台湾人の古都か……50
❇牡丹社事件は日本の野望だった……61
❇植民地教育は芝山巌の惨劇から始まる……68

❇霧社蜂起の生存者はいなくなった……76
❇九份の金鉱石は掘り尽された……81
❇老兵は旗津に「戦争と平和公園」を遺した……89

Ⅲ 初夏の黒鮪を味わう

❇東港で旬の刺身を一舟注文した……96
❇廃線の苗栗旧山線をＳＬが走る……99
❇新店渓の碧潭は翡翠色に輝いていた……102
❇幾多の鬼たちが基隆港を彷徨する……105
❇台東に先住民の石板烤肉と豊年祭を見る……109
❇玉井のマンゴーはアメリカ生まれだ……114

Ⅳ 祖国への光復は変質した

❇降伏式典から新たな「占領」が始まった……120
❇二月二十八日は悲しみの休日だ……127
❇政治犯収容所は景美地区に残る……133
❇首都早報は民主社会の魁だった……139
❇「野百合」が中国を普通の隣人にした……143
❇教会のハンストは「福島」を否定する……148

V 初秋に紅檜の森を歩く

❇阿里山の雨は屋久島のようにリズミカルだ……156
❇埔里の手漉き紙が日本の書道家に愛される……160
❇鹿港の媽祖は「黒水溝」を渡ってきた……163
❇黄昏の士林夜市に誘われる……167
❇大安森林公園にアジア人介護者を思う……171
❇古坑のコーヒーは檳榔樹の下に育つ……174

VI 海峡は国境化していく

❇故宮博物院の至宝は大陸に返すべきか……180
❇海峡両岸は国際関係ではないのか……188
❇学生たちは立法院を占拠した……193
❇「一つの中国」外交は説得力を欠く……200
❇テレサ・テンの「悲しい自由」を聴く……206
❇台北から天安門事件を追悼する……209
❇香港のキャンドルは四半世紀灯り続ける……213
❇台湾と香港は時代を共有する……216

Ⅶ 冬の甘蔗列車を追いかける

❇虎尾のサトウキビ畑は実り豊かだった……226
❇七股潟湖にクロツラヘラサギを見に行く……230
❇北投の露天風呂は四五度の熱さだ……237
❇春聯が旧正月の街を彩る……240
❇華新街はビルマ文字で溢れる……243
❇南港の茶畑に山霧が舞っていた……248

あとがき……253

装丁——長尾 敦子

I

春の訪れを桜花で知る

霧社のムシャザクラ。山峡に凛として、典雅でさえあった

陽明山のヤマザクラ。南国には、はっきりとした色合いが映えた

陽明山の開花をニュースが伝える

台湾の人たちは、春の訪れを桜花の開花で知る。毎日のテレビ、新聞はニュースのなかで、あるいは天気予報の後に、日本と同じように各地のサクラを「三分咲き」「満開」などと伝える。人々は「今年の花の付き具合はどうだろうか」と期待し、「次の週末までもつだろうか」と心配しながら、移りゆく季節との戯れを楽しむ。

開花予想に登場するサクラの名所は、台北郊外の陽明《ようめい》山《ざん》、台湾中部の阿里山《ありさん》などだ。陽明山は二月中旬から三月中旬にかけて「花季」を迎え、高地の阿里山はその後に咲き始め、四月初めまで見ごろが続く。台北市内でも、故宮博物院近くの役所で植樹を続けて花の名所になってきたという話も報じられている。

二〇一三年の三月初め、台北から十五キロ北にある陽明山に登る。海抜千メートルを超す七星山《しちせいざん》、大屯山《だいとんざん》などの火山群の総称として知られる山は、市内中心部から山麓までバスで五十分ほどだ。地下鉄とバスを乗り継いでも行ける。台北の冬から春先にかけては北東の季節風が吹き、雨の多い不順な日が続く。この日はようやく日差しが南国の勢いを取り戻し、サクラも咲き急ぐかのようだった。

　陽明山公園には台湾原生種のヤマザクラが千五百本、ヨシノザクラ（吉野桜）、ヤエザクラ（八重桜）がそれぞれ三百本、ショウワザクラ（昭和桜）が六十本植えられている。オオシマザクラ（大島桜）は一本だ。「花鐘」と呼ばれる一角は、ヤマザクラが満開だった。早朝からかけつけた行楽客は、デジタルカメラなどで代わる代わる記念撮影だ。写真教室のグループもいた。先生が丁寧にサクラの撮り方を教え、生徒たちは熱心に聞き入っていた。どこかで見たことが、と思わず口元が緩んだ。

陽明山の屋台。やはり、「花より団子」だ

　バス停から花鐘には屋台が並び、貢丸湯《ゴンワンタン》（魚などのすり身団子入りスープ）、蘿蔔糕《ルオボガオ》（大根もち）、野菜天ぷら、みかん、アイスクリーム、清涼飲料水などが客を呼んでいた。帽子も百圓（台湾ドル、元）（一圓は約三・六円）で売っていた。花見も屋台も日本とそれほど変わらない風景だが、花の下で酒食をエンジョイする人たちは見かけなかった。陽明山に限らず、各地の花見をテレビで見ても、騒がしい人たちはいなかった。

　公園内の散歩道を少しばかり浮かれて歩く。明代の儒学者、王陽明の立像や蒋介石の坐像が木々に囲まれて鎮座していた。異国なのだと、思わず身が引き締まった。

バラ科のサクラはアジア各地に自生し、日本特有の花ではない。

台湾のサクラは日本から植栽されたソメイヨシノ、ヤエザクラなどを含めて種類が多く、原生種は固有種の割合が高い。日本の明治政府は一八九四年（明治二七）の日清戦争で台湾を植民地とした直後から地勢調査を進め、牧野富太郎らの植物学者も動員された。林学博士、金平亮三《かねひらりょうぞう》が一九三六年（昭和一一）に著した『台湾樹木誌（増補改版）』（台湾総督府中央研究所林業部）は八種類のサクラを、花、蕾《つぼみ》、花をつけた小枝、葉、実、雄蕊《ゆうずい》（おしべ）などの図を付けて挙げる。

ヒカンザクラ（緋寒桜）として知られるヒザクラ（台湾名山櫻桃）は台湾北部を中心に分布、中国、沖縄でも見られる。「落葉中喬木、樹皮茶褐色、滑沢（中略）花は葉に先《さきだ》ち開花す、葉痕の上部より抽出し、三―五花を叢着《そうちゃく》す（中略）実は楕円形、径六―七ミリ、紅熟す。備考　鑑賞樹として良し、播種により容易に繁殖す」と詳細だ。

タイヘイザクラは台湾北東部、海抜二千メートルの太平山を産地とする固有種だ。シマウハミヅザクラは阿里山に自生し、これまでは知られていなかったとしている。阿里山には同じく固有種のアリサンヤマザクラもある。クロボシザクラは台湾中部の埔里《ほり》と阿里山に多く、インドのアッサム地方、中国大陸に分布し、葉を揉《も》むとアンズ（杏仁）に似た強い芳香を発散する。ヤヨヒザクラも西北部のララ（拉拉）山周辺で見られる。分布は台湾本島だけでなく離島まで及び、東南海上の蘭嶼島《らんしょとう》に生育するカキバイヌザクラはフィリピンにも同一種がある。

ムシャザクラという一種に魅かれた。「産地　南投霧社方面の森林、他に採集せず。分布　固有」とあった。

台北がまだ冬の佇まいを見せている二月下旬、白く小さな花が清楚なムシャザクラに会うために霧社《むしゃ》に出かけた。陽明山のサクラたちを見てから二年が経っていた。霧社は台湾中部、中央山脈の山《やま》懐《ふところ》にある。台北と高雄の中程にある台中から紹興酒で知られる埔里を経由してバスで東に約二十キロ、二時間ほどだ。町のムシャザクラは多くがすでに散っていた。わずかに老木が通りを少し下った所に白花をつけていた。芽生えたばかりの若葉の中で躍り、舞い落ちていく姿は、艶やかな桜吹雪とは趣を異にしていた。

霧社は先住民（原住民）が拓き、いまも暮らしているところだ。日本統治時代の一九三〇年、台湾総督府による授産教育及び軍事的威圧という硬軟両面からの「理蕃《りばん》政策」に反攻した先住民の蜂起があった。清麗な桜花は、彼らが流した血が入り込むことを拒否しているかのようにも思えた。遥か昔から自生していたサクラが事件と関わり合いを持つことはないのだがなぜか、心の中で重なった。想像が時間の後先を考えずに膨らんでいった。

通りの真ん中で雑貨商を営む王圳結《おうせんけつ》さん（六六歳）は、この時期に来たことを残念がってくれた。「ムシャザクラが盛りを迎えるのは、十二月から一月にかけてだ。少し遅かったね」と話してくれた。それでも埔里に帰るとき、道端に満開のムシャザクラを見つける。マイカーで訪れた人たちが車を止めていた。

山道は埔霧公路と呼ばれている。道に沿って桜並木が続いていた。埔里に暮らす王海清《おうかいせい》さんが独力

サクラの苗木販売店。ソメイヨシノが主流の日本よりはるかに多種多様だった

で植えてきた。圳結さんの父親だ。いまでもサクラの苗木を少しばかり育てているという。海清さんの生い立ち、林業試験場で植木栽培に携わったこと、桜並木づくりに取り組んだことなどは『トオサンの桜』（平野久美子著、小学館）に詳しい。

桜並木が途切れ途切れになるあたりには、サクラの苗木を専門に販売している店があった。車窓から眺めると「粉紅昭和六十元」と大書された看板が目に入る。花がピンク色（粉紅）のショウワザクラだ。苗木が六十圓で商売になるのだろうか。他にも「純白霧社山櫻百元」「粉白吉野八十元」などの看板が掛かっていた。

台湾ではこの十年、サクラの人気が高まってきて苗木の売れ行きも年々右肩上がりだという。気に入った花々を交配させて新しい品種をつくりだそうとする人もいる。

北回帰線が島の中部を横切り、概ねその北側が亜熱帯、南側が熱帯といった気候に育つ樹木は、ガジュマル（榕樹）、クスノキ（樟樹）といった常緑樹が圧倒的に多い。緑溢れる世界とは異質の柔らかな花木に魅力を感じる人が増えてきたということだろうか。ただ、南部の酷暑には耐えられず、公園などに植樹してもなかなか育たないとも聞いた。

なぜサクラなのかと思う。花の美しい落葉花木はほかにもあり、「国花」は梅花だ。南国でも北部などの冬は寒い。春を心待ちする気持ちに添うのは、台湾でもやはりサクラなのかもしれない。

花見が春先の年中行事になったのはいつの頃からか。知人の一人は「戦前から出かけて行った」と話してくれた。日本の植民地時代から定着していたのだろう。どの程度の規模、範囲で広がっていたのだろうか。多くの日本人はサクラの散り際に潔さを感じ、戦前の社会では、観賞を超えて人々の意識あるいは感性にまである種の意味合いを与えることもあった。そういった感覚まではこの地に根付かなかったようだ。

東門の貴族市場は庶民のものになった

アジアを旅する楽しみの一つは市場を歩くことだ。台湾も例外ではない。

台北の蒋介石を記念する中正紀念堂からほど近い東門市場は、戦後に国民党の幹部らが界隈に住んだことから高級食材が集まり、「貴族市場」ともいわれた。いまも各地から豊富な産物が集まるが、気取った雰囲気とは無縁の「庶民市場」と呼ぶのが似合っていた。

市場は午前五時前には裸電球が灯る。

簡単な食堂は米粉湯《ミイフエンタン》（スープビーフン）の店が多かった。「客家口味《はっかこうまい》　羅媽媽《らまま》米粉湯」店は大きな窯《かま》で煮ていた。客家の味がどういうものか、あるいは羅母《らかあ》さんがどんな人から定かではなかったが、小さな椀いっぱいのビーフンに刻んだ葱が入って、二十圓だった。少し食べて窯の方に目を向けると、若い店員が笑いながら寄ってきて葱を追加してくれた。お礼にこちらも思いっきり笑って見せた。横では、餃子づくりのおばさんたちが手を止めることなく、山のような具を少しずつ崩しながら皮の中に包み込んでいた。

魚屋はハサミを器用に使ってはらわたを出し、細かく砕いた氷の上に頭をきちんと揃えるのに余念がなかった。太刀魚が頭と尾を切り取られ、本当の太刀のように鈍く光っている。台湾近海で獲れた魚に交じってサーモンの頭だけが大きく、グロテスクを超えて威厳があった。

フカヒレは氷水の中にだらしなく浮かんでいた。こうしたものを随一の食材とした中国人の感覚に改めて感心する。食の好み、食材の選択は国、地方によって異なる。日本料理になくてはならない昆布は、北欧では肥料にしかならなかったという。

採れたばかりの野菜たちは、台から飛び出しそうだった。レタスに似た食感のA菜の脇には朱色のカボチャや大玉スイカの二倍もありそうなトウガン（冬瓜）が座っていた。娃娃菜《ワァワァツァイ》は小さな白菜で、故宮博物院のレストランが逸品「翠玉白菜《すいぎょくはくさい》」をテーマにしたメニューに使っている。もやしの根を丹念にちぎっている年寄りがいた。香港の市場で「もやしの根を切ってきちんとそろえるだけで値が違う」と説明してくれた人がいて、それ以来、どこに行っても、もやしの根をちぎる光景を探すのが習慣になってしまった。

果物もバナナ（香蕉）、マンゴー（芒果）、グアバ（芭楽）と、南国フルーツのオンパレードだ。阿蓮区農會（農協）と印刷された段ボールの青ナツメ（蜜棗）は蓮香という名前がついていた。楕円形の小さな青リンゴみたいだ。リンゴにナシをミックスさせた感じで、シャキシャキしておいしかった。

東門市場の鶏肉店。女将は市場での鶏の処理が禁止され、手持無沙汰になった

量り売りで五個八十圓だった。

葱油餅《ツォンヨウピン》、魚丸湯《ユイワンタン》、臭豆腐《チョウドウフ》といった屋台料理も揃っている。香港式点心の向かいには「薩摩亜甜點《ヤーティエンディエン》」というチーズケーキの店まであった。瀬戸物屋、小間物屋、衣料品店は、食材、惣菜などに挟まれて、少しばかり肩身が狭い。傘だけ売っている店もあった。台北の冬は日本で想像する以上に湿潤で雨が多いから、意外と繁盛するのかもしれない。盆栽の店先には小さなシクラメンが咲いていた。

肉屋からは小気味のいい音が聞こえてくる。主人が方形の包丁で肋骨のついた肉をポーン、ポーンと切っていき、さらに小さな塊に整えていた。婆さんが細い丸い棒を使って腸の中身を取り出していた。

「コケコッコー」の鳴き声がする。「台東山土鶏」という看板が掛かった鶏肉屋の屋台下にいる鶏たちだ。台の上には丸裸にされた鶏と爪を持ったままの足先が二十本ほど、無造作に置かれていた。蒸しあげられて湯気をたてている鶏もいる。女将が頭を軽くちょん切り、足先は小さくさばきながら「地鶏だからおいしいよ」と言ってくれたが、なかなか手は出なかった。

食材の店を取り囲むようにレストランも軒を接していた。中でも香港人が興した「東門鴨荘」の三宝飯《サンバオファン》は忘れられない。豚肉の叉焼《チャーシャオ》、烤鴨《カオヤー》（焼鴨）、油鶏《ヨウジー》が揃って百圓だ。住んでいた所が近かったこともあり、十日に一度は世話になった。店主にすっかり顔を覚えられ、注文すると決まってスープをつけてくれた。他の客全員にサービスするわけではないので、嬉しいやら申し訳ないやらで、少しばかり心が揺れた。「外帯《ワイダイ》（テイクアウト）」を頼む人も多かった。夕方の六時前後になると、帰宅途中のサラリーマン、共働きの女性らが立ち寄っていた。

六月に入ると市場はまた違った顔を見せる。農暦（旧暦）のサイクルで回る台湾の端午節が近づいてくるからだ。こどもの日が端午の節句に割り込んできた日本と異なり、台湾では独立した休日だ。この日を前に市場には菖蒲の出店が登場する。菖蒲とヨモギ（蓬）が束になって売り出される。中華ちまき（粽子《ゾンズ》）も欠かせない。

中正紀念堂を挟んで東門市場の反対側にある南門市場に、ちまきのおいしい店があると聞いて出かける。市場は東門より規模が大きく、地下一階、地上二階のビルになっていた。ちまきの店は地下一階の総菜売り場にあった。

二〇一四年の端午節は六月二日だった。「どうせ食べるなら、端午の節句の日に」と、押っ取り刀で出かけた時は、行列は店先から地上まで続いていた。ちまきを売る店はいくつかあったが、順番待ちの客は中国・湖南省の湖洲粽子が売りの「南園食品」に集まっていた。湖洲鮮肉粽《シエンロウゾォン》（五十五圓）、湖洲豆沙粽《ドウシャーゾォン》（五十五圓）に人気があり、この日は一人一種につき三個までという制約つきだった。家族でかけつけて大量に買っていく人たちもいて、列はなかなか進まず、注文するまで四十五分もかかった。

東門市場前の菖蒲売り。人々の暮らしには欠かせない風物詩だ

人並みに鮮肉粽と豆沙粽を買ってみる。鮮肉粽はもち米の腰が強く甘辛い鶏肉が濃厚だった。豆沙粽はあんこがもち米を押しのけるように顔を覗かせ、口の中に入っても甘さが吸い付いてくるようだった。二つとも三角の形をして他の店よりも一回り大きく、一人で食べるには満腹感を飛び越えていた。

売り場の隣では他の店員が三人掛かりで手際よく鮮肉粽をつくっていた。ブリキ製のたらいにはもち米と鶏肉が別々に入っている。一人がササの葉を三角錐状に包み込み、もち米を流し込み、いま一人が鶏肉を押し込んでいく。できたちまきを残りの一人が細いササ様の紐でぐるぐる巻きにしていく。紐《ひも》は乾燥したイグサ（藺草）で縛るとも言われているが、この店がイグサを用いているかはわからなかった。豆沙粽には太いタコ糸が使われ、一目で違いがわかるようになっていた。この縛りかたにコツがあり、きつ過ぎると半煮えになり、緩いともち米がばらばらになるともいう。

ちまきは他の多くのメニューと同様に大陸から持ち込まれ、改良された後「台湾粽」という言い方も生まれた。各家庭にはそれぞれの味があり、台湾の人たちにとっては、日本人が土用にウナギを思いつくように、なくてはならない軽食になった。こうした感覚は大陸でも変わらないのだろう。作り方は北部と南部でもち米の種類、炊き方に違いがあるとも聞いた。北部は炊き上げた後に具材を添えるが、南部は生のもち米に具材を混ぜるのが一般的だという。

市場の家禽は一三年春から姿を消した。中国で発生した鳥インフルエンザ「H7N9」ウイルスが台湾でも初めて確認され、台湾政府当局は市場内での家禽処理を禁止する。二年後の一五年一月、中国・広東省政府も主要都市の中心部にある市場での生きた鶏の売買を制限する方針を打ち出した。昔ながらの市場には住みにくい世の中になった。

永康街の小籠包は上海から来た

台北の永康街は、大陸料理を誇る店、台湾菜を自慢する店が競うように並び、看板を見ながら選り好みして歩ける楽しい通りだ。隣に平行する麗水街と共に、中華料理の見本市みたいだ。中正紀念堂から信義路を東に五百メートルほど行く。辺りは元々日本人官舎などが多かった。第二次大戦後に日本人が引き揚げ、大陸各地から来た人たちが住み着いて料理店を開いていったという。

永康街の夜景。食は広州という言葉を、永康街に取り替えたかった

信義路から永康街に折れ、日本でいえば一番地にあたる「一號」に、上海点心が評判の高記が店を構える。元籠小籠包《シアオロンバオ》を注文する。少し小ぶりの十個で百九十圓だ。味は申し分ない上、刻んだ生姜が小皿に山盛りあって、気に入った。

店の小冊子に「民国三八年」の創業とあった。西暦に直すと一九四九年になる。この年の十二月、国民党の蔣介石が国共内戦に敗れ、成都から台北に逃れてきた。五月には戒厳令が敷かれ、その後三十八年間続いた。同じ年にこの店も生まれたのか、と思って味わうとまた、小さな小籠包から歴史の余韻みたいなものが醸し出されてくるようだ。

老張牛肉麺《ラオチャンニオウロウミエン》店は四川省出身の国民党軍人、張さんが開いた店だ。いまは親類が引き継ぎ、川味《チュアンウエイ》（四川味）のトマト風味は飽きさせない。

上海の南、浙江省・温州からとった「温州大《ウエンジョウダー》餛飩《フォンドウン》」も見つけた。一枚三十圓の天津葱抓《ティエンジンツォンジュア》餅《ビン》はいつも行列ができていた。

台湾勢も負けていない。台南名物、擔仔麺《ダンズーミエン》の店、度小月の由来は「漁師たちは毎年四月の清明節から十月の中秋節までは海が荒れるので小月といって、麺を売り歩いた」という。日本統治時代に生まれた蓬莱米も売り物の一つにしていた。大陸の味に惹かれて店を出した台湾人もいる。一品山西《イーピンシャンシー》刀削麺之店《ダオシャオミエンジーディエン》は店名に「山西」があり、一目で山西省の大陸麺とわかる。当主の高世栄《こうせいえい》さんが若いときに現地で二年半修行、看板を掲げて十年が過ぎた。「山西省には百種類以上の麺の食べ方がある。歯ごたえのあるところが気に入った」と話してくれた。

バラエティーに富んだ店を眺めながら、香港の友人が真顔で中国人の四大発明は何か、と尋ねてきた時のことを思い出す。歴史の教科書にあった紙、火薬等々をあれこれ考えていると、笑いながら「ジョック（粥）、ファン（粉）、ミーン（麺）、ファーン（飯）」と、広東語の答えを出してくれた。香港の人たちは生活に欠かせない食べ物を強調するとき、そんな冗談を言って楽しんでいる。ファンは麺の平たいホーファン（河粉）だそうだ。もちろん笑い話なのだが、中国人の食へのこだわりをいろいろと経験してくると、やはりそこに「真実がある」と実感してしまう。

台湾でもこの四大発明はあてはまりそうだ。大通りを歩いても、狭い路地に入っても、レストランは簡単に見つかる。どの店も、人それぞれの好みを満足させてくれる。

地元の台湾料理は小菜が豊富だ。多彩なメニューの中で気に入っているのは、ハマグリ（蛤）とヘチマ（糸瓜）を蒸した「蛤蜊蒸絲瓜《グォーリージョンスーグァー》」と豆腐を揚げた「炸豆腐《ジャアドウフ》」の組み合わせだ。大陸料理も、北京、上海、広東、四川に客家もあって、目移りする。粥の店はあまり見かけない。家庭で朝早くか夜遅く、あるいはちょっとお腹がすいたときに食べるので、街中では改まって食指が動かないからだろうか。

台湾の中華料理は一人でも気軽に入れる店が多く、椅子が二つの小さなテーブルを何台も備えている。小所帯で切り盛りするところが少なくないともいえる。料理も一品の量がほどほどだ。大陸菜を売りにしている店も台湾に順応して小振りの皿を出す。香港では注文しても一つで満腹になったことを思うと嬉しくなる。

蛤蜊蒸絲瓜と炸豆腐。その昔フカヒレの有効活用に驚いたが、ヘチマも病み付きになった

台湾の地方色豊かな郷土料理を食べ歩くのもいい。

永康街の中ほどには宜蘭料理、呂桑食堂がある。「最真宜蘭味」と彫られた板が額として壁に掛けられていた。看板メニューの「宜蘭肝花《イーランガンホア》」は、魚醤、刻みネギ、豚肉等々に小さく切った豚の肝臓を加えて油揚げで包み、炒めるところから「肝花」とついた。

台湾東北部の宜蘭地方は気候が厳しく地理的にも峻険で水の便が悪かったため、大陸移民の進出が遅れた。それだけ、昔の味を保っているという。日本の植民地時代から本格的な開発が始まり、九州、四国などから多くの日本人が入植した。戦後しばらく経ってからも、宮崎県椎葉村の民謡、稗《ひえ》つき節を聴いたという人もいた。

大衆的な食堂の品書きには秋刀魚《チオウダーユイ》定食が加わる。台湾人の好物の一つだ。日本のような焼き魚の店も、軽く揚げた所もある。大根おろしだけはなかった。内臓は好きな人が多く、食べ終わった後は骨だけがきれいに残る。店の親父は水揚げした後すぐ冷凍するので大丈夫と言うのだがどうだろうか。九州では天ぷらと呼ぶさつま揚げは、台湾では「甜不《ティエンブー》辣《ラー》」になっておでんに変化する。主に魚のすり身でつくり、形が竹輪を連想する「黒輪《ヘイルン》」とともに、日本流に言えばB級グルメ風だが、捨てがたい。

台湾の人たちの食べ方は、見ているとなかなか興味深かった。箸の使い方が巧みな客には箸だけで十分だった。蓮華のない店は珍しくなく、あってもプラスチックの蓮華を付け足し的にといった感じだ。香港のレストランなどでは陶磁器の蓮華が必需品だっただけに、中華料理でも蓮華はいらないという感覚はちょっとしたカルチャーショックだった。ご飯茶碗は片手で口元に運びながら食べる。日本統治時代を知る老人だけでなく、若い女性も当たり前のように碗を持っていく。これも、香港や大陸で碗をテーブルの上に置いたまま肘をついて食べる人たちを見てきた目には、小さな発見だった。

A級、B級の台湾菜を堪能した後は、フルーツ、かき氷からマカオ（澳門）と同じ味が謳い文句のエッグタルトまで揃う。更にはブティック、婦人靴店が合間を縫って流行のファッションを振りまき、骨董店が様々な玉（宝石）、茶器を見せつける。小さな店が多いだけに、大陸からの観光客が大型バスで乗り付けて食事をするには不向きな通りだ。それでも時々、少し離れた所にバスを止める団体を見かける。大陸客に席巻されるのも時間の問題かもしれない。

永康公園はレストラン街にあって、「箸休め」的なスポットだ。五十本以上のガジュマル、ダイオウヤシ（大王椰子）のほか、台湾固有の半落葉喬木、茄苳《かとう》が日差しを遮って涼風を呼び込み、疲れた胃に中休みをさせる。案内板は「一九九六年、台北市政府の道路拡張計画で切り倒されるところ、住民らによる台湾初の保護運動で生き残った」と説明する。戒厳令解除から九年が経ち、市民が身の回りに目を向けられるようになったころだ。

一本のガジュマルの下に、蒋介石の小さな胸像があった。全体に黒い塗料が塗られているのか、目立たない。元々黒かったのかはわからない。ここにも小さな案内板があり「どこに置かれていたかを考えてください」と書いてあった。答えはなかった。多分、公園の真ん中だったのではないか。

永康街をまた信義路の方へ戻る。交差するところに、日本でも小籠包が人気の鼎泰豊《ディンタイホン》がある。高記とどちらが旨いかを食べ比べてみたが、舌には自信はなかった。

昭和町骨董市場は大陸客が上客だ

永康街界隈は中華料理オンパレードだけではない。メインストリートをちょっと外れ、多種多様な味を堪能できる店を探しながら、日本統治時代の佇まいを偲ぶこともできる。

ギリシャ（希臘）国旗を店先に飾るレストランは地中海料理だ。店主がテーブルまで来て「ギリシャのワインは台湾ではここしかない」と自慢する。ボトル一本千圓は、飲み切れなければ持ち帰りが可能だった。フランス（法國）料理の店もあった。週末の夜、店内はほどほどに席が埋まっているものの、ワインどころかアルコールを注文する姿をほとんど見かけない。ワイン抜きのフレンチは不思議な光景だった。大陸では酒席での言動に寛容ではないと聞いたことがある。台北でも用心しているのかな、と感じる。「腹を割って話す」ことを良しとする日本とは異なる感覚だ。インド（印度）カレー屋の女主人は「インド人の夫から味を覚えた。店の名はバンクーバーにいる娘からとった」と問わず語りに話してくれた。壁一面の写真は息子が撮影したパキスタン・カラチの寺院だった。

鵝鳥《がちょう》専門の法國料理店と新疆《しんきょう》料理店が向かい合う通りの横に、「昭和町　文物市集Ａｎｔｉｑｕｅ　Ｍａｒｋｅｔ」という看板を掲げるビルを見つける。戦前、一帯は昭和町と呼ばれ、普通の野菜市場だった。骨組みはそのままに改築され、十数年前から一階に骨董を売る店が集まり、いまは四十軒ほどだ。仏具、翡翠《ひすい》の仏像から腕輪、ミャンマーで採れたという玉、雲南茶、蒋介石と妻宋美齢《そうびれい》の肖像画、日本時代の台湾公立公学校の卒業証書、昭和一二年のライオン歯磨のポスター、日本髪の女性をモデルにした清酒月桂冠のポスター、農夫が使っていた蓑《みの》、笠、水瓶、漬物甕《がめ》まで、それこそ玉石混合の品揃えだ。

特別な宣伝はしていない。顧客は口コミで訪れる大陸客だ。かつて中国にあったものが売り出されて台湾まで来て、今度は観光客が買って帰るケースが少なくない。十年前にこの道に入った李尋歓《りじんかん》さんは「骨董品といっても高価なものはあまりない」と少しばかり謙虚だった。「日本から仕入れるときもある。大陸風のつくりでないと思うようにはいかない。台湾に残っていた日本のものは国民党がもう、処分に処分してしまった」。

通りを一つ越えると、懐かしい日本家屋が目に入った。大正時代末期に建てられた「総督府山林課宿舎群」だ。台北市が歴史的建造物として登録している。檜造りで屋根には鬼瓦が取り付けられ、床下は多湿な台北の気候に合わせて五十センチ以上という。いまでも普通の住宅として使われていた。

日本時代の建物は歩いて十分ほど東にある青田街にも残っている。七巷六号の「青田七六」は、日本から台湾に渡って教鞭をとった台北帝国大学の教員らが組織した「大学住宅組合」によって建てられた一つだ。農学と微生物を専門とした北海道出身の足立仁教授の住居が戦後、台湾大学初代地質科学部長を務めた馬廷英教授に受け継がれ、いまは食事と喫茶の店になっている。同店パンフレットによると、母屋は二百六十坪の敷地中央にあり、洋風の応接室、食堂、書斎を外側に配置、内部を和式の部屋とする設計だった。塀の内側には鉱物、岩石などの標本が展示されていた。

昭和町文物市集の入口。「ショウワマチ」の響きに促され、入ってみる

青田街はどの小道もひっそりとしていた。樹高十メートルを超すガジュマル、麺包樹（パンの木）、モクレンの仲間の烏心石などの木々に竹が加わって深い陰をつくり、マンゴーの大木もまた、堂々としている。咲きかけのデイゴが小さな森に一層の奥行きを与え、ほんの少し北に戻れば永康街の喧騒に出会えることさえも忘れさせてしまった。

民家の門のわずかな隙間から玄関奥に鎮座する仏像に出会うこともある。台湾宗教は民俗的傾向が強いだ

日本時代に建てられた青田七六。いまにも和服姿の女性が現れそうだった

けに、こうしたところが拠り所の一つになっているのかもしれない。チベット（西蔵）の線香、タンカ（仏画）、書籍などを売っている店もあり、エンジ色の僧衣を着たラマ僧は珍しくない。チベットを身近に感じながら、国民党政権が中国を代表していた時代からの蒙蔵委員会を思う。西蔵と外蒙古地方の宗教関連事務などに対処した委員会はいまもなお、行政院（内閣）内に存続する。

国民党政権が大陸にあった頃の首府・南京も時に話題になる。二〇一三年十二月上旬、台北教育大学の教授が政府教育部に、「首都は南京であり、台北は中央政府の所在地だ」といった公文書がいまも残っていると指摘する。政府側は古い資料が十分に整理されていなかったとして謝罪した。文書は公にならなければ、そのまま生きていたのだろう。

台北の地下鉄で博愛座を勧められる

台北を訪れた六十代後半の友人が地下鉄（捷運）に乗って、周りの人から一日に何回も博愛座（優先席）を勧められて驚いていた。座席の色が濃紺の博愛座は水色の普通席と区別されている。「年を取って見えるのかね。東京ではまず、ないんだが。感心したり、我が身の老いを気にしたり」と笑っていた。彼より一歳年上のこちらは「いまでは自分から進んで坐るよ。そうしないと若い人の席が一つ少なくなるから」と応える。

台北地下鉄の博愛座。「博愛」は人類愛という意味もあるな、と思ってもみる

車内が混んでいても濃紺色の席は空いている時が多い。バス（公車）の博愛座も同じで、乗客の意識が徹底している。普通の座席でもお年寄りが乗ってくると、躊躇することなく自然に席を譲る光景をよく見かける。大学教授が座席を三つも占領して荷物を置いていた男に注意したら、ミルクをかけられたといった話も紙面を賑わす。こちらでは珍しいことなのだろう。携帯電話のやりとりはあまり気にならない。呼び出し音が鳴っても、小さな声で辺りに気兼ねしながら応答している。

古い台湾の知人は「博愛座に平気で座るのは決まって大陸の

地下鉄の乗換え駅。台北の地下は地盤が弱いと聞いていた。技術革新のなせる業か

中国人だ」と言う。大陸を旅行した日本の友人には席を譲られた経験を持つ人もいて、必ずしもすべてがそうだとは思わないものの、態度、話し方などから、当たらずとも遠からずだと感じる時も多い。日本人は海外に出ると得てして「紳士淑女」になるから、知人の批判の対象にはならないらしい。

地下鉄を降りて地上に出る。

通りには早朝、市政府清掃員らのほうき姿をよく見かける。通行人はごみが落ちていると、さっと拾って近くのくず箱に捨てていく。家庭ごみの集積所がないことも清潔なイメージづくりに一役買っている。代わって収集車が毎週、水曜と日曜を除く五日間、ベートーベンの「エリーゼのために」を奏でながら地区を回る。他に「乙女の祈り」も流れるというが聴いたことがない。地域によって違うのだろうか。回収時間は午後六時、あるいは午後十時半などと決まっており、人々は家庭、レストランなどのごみをその時間に持ち出す。収集車が来るまでは「井戸端会議」だ。ほんのわずかな時間でも隣人たちが毎日のように顔を合わせ、小さなコミュニティーが生まれる。日本の社会から消えてしまった空間と時間だ。曜日ごとにごみを分別する取り決めはまだない。クラッシックの名曲とごみ収集との組み合わせのアンバランスを気にする人も、もちろんいない。

ホテルのロビー、デパートの食堂などはバッグを置いたまま席を立つ人が目につく。置き引きには遭わないという安心感を多くの人が共有しているからだろう。社会福祉の一環として道路脇などに置かれている古着の回収箱は利用者がほとんどいなかった。それだけ社会が豊かになった証拠かもしれない。

怒鳴り声が飛び交う場面は稀というか出会ったことがなかった。静かな人たちは、レストランでの順番待ち、駅のホーム、切符売り場、タクシー乗り場など、どこでも整然としていた。一九九〇年代初めの香港では、地下鉄のホーム、タクシースタンドで並ぶのは、決まって欧米人か日本人だった。香港の人たちの割り込みは日常茶飯だった。その香港人も返還前後から変わってきた。社会のエチケットを自然に身に着けていったのか、大陸から押し寄せてきた観光客の振る舞いに眉をひそめ、他山の石としたかはわからない。いずれにしろ、成熟した社会を示す一つの目安にはなる。

物事には例外はある。立法院（国会）の議場で時々目にする与野党による怒号、殴り合いはどう解釈すればいいのか。街が穏やかで慎ましやかだから、その反動、あるいは発散の場が立法院なのか。いま一つ、バスの運転だけは別で、急ブレーキに急発進は当たり前だ。九〇年代に入って野党民主進歩党（民進党）の陳水扁台北市長が主要道路にバスレーンを整備、渋滞による遅れは少なくなっている。件の友人はバス会社の教育がなっていないからだというが、必ず吊革を持つとか自分自身で注意するに越したことはない。このあたりは、なかなかわからない社会だ。

台湾の人たちの温和さと優しさはどこから来たのだろうか。

台湾人の多くは「漢人」と先住民の混血だという歴史がこうした性格を育んできたという指摘がある。明、清の時代、大陸から渡ってきた人は男性がほとんどで、官吏、兵士らは反攻勢力の拠点化を防ぐ狙いで三年交代を原則とする単身赴任制がとられ、家族帯同は認められなかった。移住民もまた政府の許可を必要とし一家挙げての移住は論外だった。男たちの結婚相手は勢い、先住民女性になった。片倉佳史氏は『観光コースでない台湾』（高文研）で馬偕紀念病院の医師の研究を紹介する。台湾の漢人系住民、先住民、大陸の漢人の「ＨＬＡ（ヒト白血球型抗原）」の分析結果によると、台湾の漢人系住民の遺伝子は先住民に近いという。

先住民が押し並べて温厚だったかは定かではない。いまの台湾の人たちが大陸とは異なる感覚を持っているということだけは確かなように思える。その違いは賭け事への依存度が少ないということからも見て取れる。

台北にしばらく住んでみて、日本のような競馬、競輪、オートといったギャンブルの道具立てがないことに気付いた。法的に認められているのは「公益彩券」と呼ばれる宝くじだけだ。八〇年、台北市が収益金を社会福祉活動などに充てる目的で台北銀行に委託したのが始まりで、二〇〇二年からは台湾政府の「中華民国公益彩券」としてスタートした。

街を歩いていると、商店街の一角には必ずといっていいほど公益彩券の店がある。日本の「ロト

6」のようにコンピュータに任せるロト式とその場で当てるスクラッチ式に大別される。賭け方は何種類もあり、ロト式の「大楽透」は四十九の数字から六つを当てる。毎週二回の抽選があり、一等賞金は一億圓（約三億六千万円）を下らないという人気宝くじだ。スクラッチは多種多様で季節限定の

台湾で唯一の賭け事と言える宝くじ。店を彩る色鮮やかな黄色は、大判小判の山吹色に見えた

くじもある。店先のテーブルにはボールペンと、五円玉を二回りほど大きくして真ん中の穴に紐を通したスクラッチ用「削り器」が括りつけられている。

一口五十圓の大楽透を二口買ってみる。旧正月のお年玉に使う「紅包《ホンバオ》」みたいなぽち袋に入った券を手に、「一等に当たったら、日本にどうやって持ち帰る」「日本円への両替は一度にできるのか」などと、バカみたいなことを考える。しばらく立ち止まって様子をみていると、顧客はそれこそお年寄りから若い人まで男女を問わず立ち寄る。大の男たちが背中を丸めて必死に削っている姿はユーモアでさえあった。よく利用する小吃店（軽食店）の女将の姿を見かけると、向こうもこちらに気付いて笑顔を返してくれた。

競馬は日本の植民地時代は盛んだった。商品券との交換だけだった当たり馬券は、台湾競馬令の施行に

伴って現金への払い戻しができるようになった。第二次大戦後は復活していない。

香港でも、マカオ、シンガポールでも、勝負事が大好きな中国人を見慣れてきた。マカオでカジノに大金を投入する大陸の人たちの賭け方は半端でなく、映画の世界そのものだった。サイコロの数字の多少で決まる「大小」と呼ばれる単純な賭博に千香港ドル（約一万六千円）の束を無造作に重ねる人たちの迫力にはとても太刀打ちできない。シンガポールでも、イギリスのダービーから日本のサッカー・Jリーグの試合までが賭けの対象になっていた。政府公認カジノができる前はマレーシアの高原リゾート、ゲンティンハイランドに行くのが楽しみだという知人は少なくなかった。

賭金の多寡はあっても、賭け事を目の当たりにすると中国人の血は騒ぐという先入観念みたいなものが、台湾の人たちの暮らしぶりを前に大きく揺らいでしまった。その淡泊さは一般的な「中国人」の概念とは少しばかり違っていた。あらゆるギャンブルを知り得る情報化時代に導入の動きもなく、よく耐えられるなと思ってしまう。戒厳令下の台湾ではデモなどの集会は当然のように許可されず、観客が多く集まる競馬のほか、各種の賭けもまた人々を興奮させるとして認められなかったといわれる。戒厳令が台湾人の射幸心を薄めさせてしまったのか。

中国・福建省に近い馬祖島《まそとう》での大陸客を当て込んだカジノ計画も、大きな話題にはなっていない。「馬祖島、それに金門島は台湾とはいえない。中国の領土になる方が自然だ」と真顔で言う人もいるぐらいだから、台湾全島を賑わすほどの話にはなりにくいのかもしれない。

アブラギリの花。名前からのイメージに反し、淡く豊かな量感があった

桐花が土城の山を雪化粧する

四月末から五月初めにかけて台湾の山々に、五月雪とも呼ばれるアブラギリ（油桐）が開花する。晩春の山肌を一瞬の雪化粧に変え、風花となって飛んでいく。

新北市土城区の桐花公園は、地下鉄板南線の終点、永寧駅からバスで十五分ほど山の中に入っていく。バスの終点から公園までは海抜四百三十メートルの天上山に抜ける車道と登山道がある。鈍った体の運動にと上りの急な山道を選んだが、すぐに失敗したことに気付く。不節制の付けが回って来て、息が切れ足が上がらない。

公園まで三十分の登山道は、桐花、カエデ、サクラなどの下でシダ、ササが勢いよく繁茂していた。湿潤な空気はどこまでも濃密に体を包み込んでいく。散った桐花が山道を埋め、花見の人たちが落ちた花びらを拾い集め、思い思いの形にしてシャッターを切っていた。

登山道と車道が交差する場所は地元の人たちの露店が続いていた。青物、山菜、タケノコ、キノコ、薬草、ココナッツ、パイナップル、ビワ、トウモロコシから虫除けの薬まであった。瑞々しいタニワタリ（山蘇）は一束五十圓だった。小さめの肉粽《ロウゾォン》と沸騰した茶葉入り湯に入ったゆで玉子を共に十圓で買う。二つを頬張りながら、公園までの「山行」を投げ出したくなった。

見晴らし台からの眺めは、疲れを忘れさせた。一面に咲くアブラギリの花を「五月雪」と名付けた気持ちがわかった。台湾では雪は最高峰の玉山など限られた高地にしか降らない。多くの人たちはテレビなどで高山の雪を見るだけだ。冬の北海道が人気になる理由の一つと聞いた。

落葉高木のアブラギリは桐油が採れることから、日本統治時代から戦後にかけて植樹が盛んに行われた。毒性を含んで害虫、湿気除けに効果があり、ペンキ、塗料などに使われた。山間部に多く暮らしていた客家の人たちが主に栽培を手がけ、花の名所も客家の集落付近に多い。毎年各地の自治体による「客家桐花祭」などが開かれている。

客家は唐代末の混乱期に各地の山間部に逃れた人たちを租としている。高木桂蔵氏の『客家』（講談社現代新書）に「中国の内なる異邦人」という副題がついているように、中国人でありながら異質の人たちとみられてきた。台湾にも一九世紀初めまでには多くの人たちが移住しており、総人口二千三百五十万人の一割強を占める。客家の血が入っていると考える人は四人に一人はいるといわれ、台北の地下鉄でも客家語の車内放送が流れる。

花を愛でる人たちの思いは台北市内でも同じだ。高架道の建国南路下にある駐車場は週末、長さ

花市の様子。平日の駐車場は週末、シンデレラになる

三百メートル、幅二十五メートルに渡って建国仮日花市になる。

花市は高さ五メートルのカツラの大木、五葉松の盆栽にベニカエデの赤紫の細かい葉が交差し、ランは華やかなコチョウラン、清楚なシュンランが揃う。シュンランの多くは、元々は高山に自生していたのだろうか。

ブーゲンビリア（九重葛）の花たちは鮮やかさを競っていた。ハイビスカスの漢字名、朱槿《しゅきん》は同じアオイ科のムクゲ（木槿）から連想したのか。洋花はバラ（玫瑰）、ハーブ（欧州香草）が頑張っているものの肩身が狭そうだ。初めて見た幹の細いスマートなバオバブ（寶貝樹）の苗木からは成木を想像できなかった。小さな鉢植えは、種類を問わず百五十圓前後の値札がついている。庭いじりをする人には、土、肥料、種子から、シャベル、鉢がすべて、一か所で手に入るのも魅力だ。

そぞろ歩きの人たちは両側に並んだ店を「右側通行」で眺めていく。あまりの行儀の良さに、反対側に気に入った花を見つけても、割って入るのは気が引けた。花に少しばかり飽きたら中国茶、茶道具の店で気分転換だ。食堂で三十五圓の肉圓《ロウユエン》（ゼリー状にした米粉などで肉を包んだ小吃）を注文して一休みするのも悪くない。野菜、果物のコーナーもあり、毎週末を楽しみにしている人も多いのだろう。

香港にも生花を専門に売る通りがあったが、台北のような花木類はあまり見かけなかった。土地が狭く、植木の類を育てる余裕がない、といった理由だけではない気もする。そこに暮らす人たちの土着性といったものがあるのかもしれない。

II

国王はいなかった

山間の霧社の町。先住民が蜂起した事件だけが場違いに割り込んだかのようだった

オランダは安平を無傷で手に入れた

台湾は不思議な島だと時々、思うことがある。九州を一回り小さくしたほどの広さがありながら、台湾独自の歴史時代をなぜ早くから持ち得なかったのだろうかと思う。台湾はオランダが台湾南部の安平《あんぺい》を占拠する一七世紀初めまでは、長い先史時代に眠っていた。

先史時代は最近の考古学調査で旧石器時代晩期まで遡る。

二〇一三年三月二十八日の台湾政府交通部観光局サイトは、台東県政府などの調査団によって、台湾東部の長浜地区で発見された八仙洞遺跡が約二万七千年前と推定される台湾最古の遺跡と伝える。地区名から「長浜文化」と命名された先史文化は、打製石器を使って、漁労と採集の生活を行っていた。二十四か所の洞窟内では火を焚いた跡もあった。中国東南部の先史文化との類似性から当時は、台湾がまだ大陸と陸続きだったとみられる。人々が暮らしていた起源を四、五万年前とする説もある。

新石器時代に入ると、台北市円山地区を中心に、紀元前五千年から紀元前二千八百年にかけて栄えたとされる大坌坑《だいふんこう》文化が出現する。「大坌坑」は淡水河西岸の観音山西北部あたりの地名だ。貝塚の多くの貝類から同地区周辺は当時、汽水湖だったことがわかる。すでに稲作技術があったが、長浜文化から発展したというよりは、大陸から海を渡って伝播してきたようだ。こうした文化の担い手たちは、オーストロネシア語族に属していると推定されている。オーストロネシア語は南太平洋のニュージーランド、イースター島、インド洋マダガスカル島にわたる広大な地域で話される諸言語の総称だ。

この言語が台湾から広がっていった、あるいは起源を中国東南部に求める意見もあるが、定論はない。

大坌坑文化後の円山文化は日本の統治時代初期に発見され、紀元前五百年まで続いた。道具を磨くための大型砥石がすでにあったことで知られる。台北周辺の汽水湖は次第に干上がっていき、人々の生活空間は広がっていった。円山文化とほぼ同じころの十三行文化は金属器時代の紀元前千年から紀元後千年までと考えられ、彩文土器を持ち、鉱滓、鉱石が見つかったことから製鉄技術も会得していたと思われる。

十三行文化後期はこの時期に漂着したとみられる平地先住民（平埔族）のケタガラン族の時代となり、他の平地先住民も台湾北部から南西部にかけて農耕と狩猟を主体とした社会を築いていった。それぞれの出自を異にする先住民同士の往来、あるいは接触は、平地でも山地先住民（高山族）の間でもほとんどなく、あっても限られていた。

台東市にある台湾史前文化博物館は、こうした先史文化の足跡をたどった博物館だ。現在の台東駅の建設工事現場から多くの石棺と玉製耳飾りなどの副葬品が発見され、卑南遺跡《ひなん》（卑南文化）として発掘調査されたことがきっかけだった。台湾の地質と生態の変化に始まり、卑南遺跡からの出土品、台湾に定住したオーストロネシア語族の生活などが紹介されている。

卑南遺跡は円山文化とほぼ同時代とみられる集落跡で、戦前にこの地方を調査旅行した人類学者の鳥居《とりい》龍蔵《りゅうぞう》が地表に突き出た石柱を写真に撮り、その存在を記録する。環太平洋でも最大級といわれる石棺墓群はそのまま卑南文化公園として整備されている。

台湾の歴史は「オランダの台湾上陸から」という思いがつい最近まで頭にあった。それ以前のことについて全く興味がなかったわけではないが、疎い先史文化への知識は探訪の足を遠のかせた。一四年夏に台東に行った時も台東の街の様子、先住民の祭りなどがまず浮かんで日程を優先させてしまった。

台東市西の台東空港近くにある博物館はバスの本数が少なく、台湾鉄道の最寄り駅からも離れていた。市街地との往復ともタクシー利用だった。一通り見て回ったが事前の準備不足がたたり、十分咀嚼できないまま博物館を後にした。台東駅近くの卑南文化公園には時間がなかった。台東は台北、高雄などと違って行くチャンスが少ないが、次回は必ず、といま後悔している。

「先住民の島」は一六世紀中ごろ、台湾近海を航行したポルトガル船によって「発見」され、船上に「イラ・フォルモサ（麗しの島）」の喚声が上がった。台湾の別名が生まれた年は、ポルトガル船が種子島《たねがしま》に漂着して鉄砲が伝来された一五四三年の翌年とする推定もある。ポルトガルはその「麗しの島」に痕跡を残すことなく、中国南部の珠江河口、マカオ（澳門）を根拠とする。一五九三年には豊臣秀吉が書簡を部下に持たせたが、島内にしかるべき相手を見つけることができなかったとも伝えられる。全島を支配する国王なり統治者は存在していなかった。

台湾で暮らしていると歴史に飢えてくる。過ぎ去った時代との邂逅を楽しめる所は限られる。台南の外港、安平は台湾史を身近に感じる数少ない街だ。

大航海時代の最後にアジアに進出したオランダはポルトガルの植民地マカオの攻略に失敗、台湾海峡の澎湖群島に転じる。澎湖島は元の時代すでに島の警備と海賊の取締まりなどにあたる「巡検司」が置かれていたが、明代になって制度は廃止されていた。一六二四年、明朝はオランダの占領を知っ

ゼーランディア城壁。赤い壁は赤土だらけのジャカルタの街へと導いてくれた

て奪還を試みる。オランダの澎湖島撤退を条件に台湾の領有を認める停戦協定は自国の領土とはみなしていなかったことを意味していた。台湾は大陸の王朝にとって化外の地だった。

オランダは安平の入江に上陸、小さな半島にゼーランディア（熱蘭遮）城を築き、内陸部にはプロビンシャ城（赤崁楼）を構える。一帯に住んでいた先住民シラヤ族と福建省移民らの抵抗は少なかった。シラヤ族は客人のことを「タイアン」と呼んでおり、漢人らが「大員」の字を充て、そのまま台湾の語源になったともいわれる。

オランダ東インド会社の業務日誌とでもいうべき「ヴァタビア日誌」はこの年の八月二十六日、澎湖島の設備一切を破壊した後に退去、台湾に向かったと報告する。

安平の城壁は当初は石材と石工不足から板

壁で、兵舎も竹と草で作った。干潮時は水位が膝まで下がり、歩いて台湾本島に渡ることができた。日本でいえば江ノ島のような感じだったのではないか。翌年一月には砂地にあった商館を本島の海岸に移し、中国人、日本人らの町もできる。辺りは肥沃で野生動物が多く生息し、川や沼の魚もまた豊かだった。中国人は一年に二十万枚の鹿皮を獲得しているほか、干鹿肉、干魚を多量に仕入れて相当額の収入を得ていたと記す。

先住民の村は武装した男子百人から二千人を擁する集落がいくつかあった。彼らはそれぞれ独立心が強く、一人の首領を仰ぐことを望んでいないとも伝える。当時の先住民人口は全島で約十五万人と推定され、半数がオランダの支配地域で暮らしていた。全島が隈なく調査されたわけではなく、実際はもっと多くの人たちがいたはずだ。

昭和五年の「臺灣時報」に台湾総督府税関長、西澤義徵《にしざわよしあき》氏が寄せた「臺灣貿易史上の一挿話」でも当時の状況の一端を窺い知ることができる。同氏は出典のすべてを明記していないが、オランダの長官らの手記を元にしたとみられる。

「臺灣（臺南）に居住する支那人は二萬五千人、その首領は殆ど皆海賊の頭目であつたが、和蘭人《オランダ》は彼等に年々鹿皮三萬を提供する事を約し、友交関係を結んだ。一方在住日本人はその數少なしとは云へ、皆豪商揃ひにて、其の商權を侵害せざる保證を與へられ、満足せるものゝの如くであった。（中略）當時の如き時代に於ては、交易の盛衰に商品の優劣よりも、寧ろ市場を制する武力の如何に據《よ》る所が多かつた。従つて、戦略的に有利なる臺灣島は、和蘭人の極めて重要視する所となつた。マニラ支那間の西班牙《スペイン》貿易、澳門《マカオ》日本間の葡萄牙《ポルトガル》貿易は、臺灣を根據として常に脅威を加へらるべく、是に由つて和蘭人の對支對日貿易は悠々無人の野を濶歩し得る優越性を有してゐた」

西澤氏のいう「豪商」の一人、江戸時代初期の朱印船貿易商、浜田弥兵衛《やひょうえ》は一六二八年、関税率を巡ってオランダのヌイツ長官を襲撃する事件を起こしている。大員ではオランダが占領する前から中国と日本の船が出入りして双方の仕入れた産物を取引していた。オランダは貿易による利益独占を図って他国の輸出入に一〇パーセントの関税をかけ、中国商人は応じたものの、日本人商人は既得権を主張して関税の支払いを拒否、弥兵衛は私兵を頼んで長官を人質にとった。騒ぎはオランダ側が日本人の自由な出入港などを認めて収束したが、関税率はそのままとされた。台南市内の台湾歴史博物館には「弥兵衛」の等身大のパネルがあった。ユーモラスな丸顔が、中国などの商人と取引する港を決めて交易する出会貿易で活躍した男に見えないところに面白みがあった。

浜田弥兵衛は事件後、十人ほどの先住民を率いて江戸に向い、三代将軍の家光に拝謁する。先住民はオランダの過酷な搾取を訴え、台湾の「献上」を申し出たという。徳川幕府は受け入れず、三九年の鎖国令によって台湾との交流は絶えた。

先住民に、台湾全島を束ねるという野望を持った英雄は出現しなかった。互いの共通言語を持たない少数民族の集団がいくつか点在するだけだった。彼らが統一国家という発想を持たなかったのか、あるいは持ち得なかったのか。人口の絶対数が足りなかったことも大きな要因の一つだったのだろう。移民してきた漢人たちにも貴族階級はなく、いわば平民だけの寄り合い所帯だった。オランダなどの外来勢力もまた、そのような発想なりエネルギーなりを持っていなかった。彼らにとって台湾は大陸に比べてそれ程の価値がなかったということなのだろうか。

ゼーランディア城は安平古堡と名前が変わり、赤褐色のレンガ壁の一部だけを留める。元々は「浜田弥兵衛」だったものが「安平古堡」と彫り直された石碑が城内に立つ。城を囲んでいた入江はすでに埋め立てられ、城壁直下まで来ていた海はない。代わって安平開台天后宮、広済宮《こうさいぐう》、金龍殿《きんりゅうでん》など五つを超える廟が城塞を取り囲み、通りでは地元の女性たちが籠から出した特産のカキの身を取り出す作業を続けていた。台湾で初めての街といわれる延平街は普通の土産物屋の通りだった。

オランダの痕跡を探すのは難しく、路地に色濃くポルトガルの匂いを残しているマカオのような余韻はなかった。日本人街もまた、跡形もなかった。漁船の停泊する港はあっても、異郷へと誘う甘い潮の香りは消え、そのことがこの街に抱くロマンとの間に少しばかりのギャップをつくり出しているようにも思えた。

古跡がなければ伝説に頼るしかない。安平古堡《あんぺいこほ》の東に延びる老街を昔の街並みをなぞるように歩いてみる。通りの一つ、中興街は道幅が三メートルほどだった。オランダ時代は磚仔街《せんこがい》といった。小道には言い伝えがあった。中ほどに「梳粧楼《りゅうしょうろう》」と呼ばれていた住居があり、鏡を前に長い髪を梳《くしけず》るオランダの皇女が暮らしていたという。一角には古井戸があり、城内に通じていた…。

梳粧楼があった辺りは小さな庭になっていた。朱色のサンタンカが咲いていた。小さな風車が置かれていたのは悪戯心だろうか。

安平はオランダが去ってから二百年後に再び、ヨーロッパ列強と繋がりを持つ。清朝は一八五六年、広東省・広州での英国船籍アロー号への臨検を巡って英仏連合軍と衝突、二年後に天津条約を結び、安平、淡水《たんすい》、基隆《キールン》、打狗《たかお》（高雄）の開港を次々に認めた。安平は集落の北側を流れる塩水渓に面して英国、ドイツなど五か国の洋行（商社）ができ、交易船は事務所前まで入ってくることができた。いまはドイツの旧東興洋行前の水景公園が水辺の眺めとしてあるだけだ。英国の徳記洋行の倉庫跡、安平樹屋は家屋がガジュマルに圧倒され押しつぶされていた。

英国もドイツも台湾でアヘンを売り捌き、日本の植民地時代まで続けた。オランダがインドネシアのジャカルタ（ヴァタビア）から最初に持ち込み、台湾経由で大陸に広がったとも聞く。各家庭で常備薬として使われ、罪悪感は少なかったのかもしれない。台湾総督府が専売制による漸減政策を採ったことは知られているが、ヨーロッパ商人の「悪行」の話はそれほど喧伝されていない。東興洋行内の説明文は主要貿易品として樟脳《しょうのう》、糖、鹿皮を挙げている。その中に阿片はなかった。

オランダが安平を占領したころ、フィリピンを植民地としたスペインもまた台湾東部を北上していた。東海岸は中央山脈の北に位置する雪山山脈の山塊が迫り、なだらかな平野が広がる西海岸とは様相を異にする。基隆から海岸沿いを南に延びる省道（国道）二号からの眺めは砂浜を見つけることは稀で、太平洋と東シナ海からの波が磯に繰り返し打ち寄せていた。

東北部にこぶのように突き出た地域を道が回り切ると、三貂角《さんちょうかく》と呼ばれる台湾最東端の岬と三貂角灯台に到達する。沖縄・与那国島は東南の方向約百キロ先にあり、一帯は台湾がスペイン、琉球、そして日本と深く係ってきた歴史を持つ。

一六二六年五月、スペインは台湾北部の領有を目指した遠征隊を組織、帆船十二隻でフィリピンを出発する。オランダの安平領有から二年後のことだ。東海岸を北上して六日後に小さな岬と小湾に着き、「サンチャゴ」と命名する。三貂角の語源になったといわれる。中国との通商拡大への期待はオ

三貂角の灯台と東海岸。サンチャゴはキリスト12使徒の一人、聖ヤコブの名前か
巡礼聖地か

ランダが台湾海峡の制海権を握ったために難しくなっており、代わって日本との商取引を広げるための拠点が必要だった。

　三貂角灯台のある高台から海を見下ろすと、トコブシの一種である「九孔」という貝の養殖池が磯を仕切っていくつもできていた。波打ち際で磯釣りを楽しむ人たちの向こうにイルカ・クジラウオッチングで知られる亀山島が見えた。のどかな風景は、北に車で三十分も行かないところにある台湾電力の第四原発予定地を忘れさせる。北部海岸の第一、第二原発がそうであるように、ここも海から百メートルも離れているだろうか。

　遠征隊は翌日には基隆の港にたどり着く。港の入口にある周囲五キロの社寮《しゃりょう》島《とう》に四日間でサン・サルバドル仮城を築き、二八年には台北の街に沿って下る淡水河の河口、淡水の地を軍事、布教、貿易の本拠とした。しかし、日本の鎖国政策はスペインの目論みを頓挫させる。フィリピン統治責任者は日本に見切りをつけ、三八年に淡水を放棄、基隆の守備兵も減員した。四年後にはオランダから基隆を攻撃され、台湾から撤退する。

三貂角から社寮島にかけては、昔から宮古島などの漁民がテングサなどの海草採りを生業としており、先島諸島は琉球王朝の版図に入っていた。

琉球王国は一四世紀から東南アジアに進出して、タイ（シャム）、ベトナム（安南）、ジャワ、マラッカなどとの交易を展開した。琉球船は中国との朝貢外交によってもたらされた高級織物、磁器、日本からの刀剣、扇などを積み込んで那覇港を出港、南海の胡椒《こしょう》、象牙などを満載して帰ってくる。マニラとの交易も行っており、スペイン隊は王朝の存在を知っていたはずだ。一七世紀初めは薩摩の島津氏が琉球に侵攻して支配下に置いた時期に重なる。日本を諦めた時に琉球に転じていれば、その後の東アジアは大きく変わったのではないだろうか。

三貂角近くの海岸は日本が一八九五年の下関条約（日清戦争の講和条約）で台湾を獲得した直後、沖縄本島・中城《なかぐすく》湾を出発した近衛師団長、北白川宮能久親王《きたしらかわのみやよしひさ》麾下の日本軍が上陸した地点でもある。日清戦争の戦利品である砲身を改鋳した「北白川宮征討記念碑」はすでに壊され、一九七五年に現在の「抗日紀念碑」がつくられた。「植民地台湾」の受渡し式は台湾住民の強い反発を恐れた清国政府の要請で、三貂角沖の洋上で行われた。茫洋とした海は涯《はて》がないかのようだった。

台南は台湾人の古都か

オランダの台湾統治は三十八年と短かった。明の遺臣、鄭成功《ていせいこう》が清朝への反撃拠点として台湾を意図したからだ。成功は海上の貿易業者とも海賊ともいえる「海獠《かいりょう》」の頭目、鄭芝龍《ていしりゅう》と平戸の田川氏の娘マツとの間に生まれる。明朝が清軍に攻められ福州に逃れた時、皇帝から王朝の姓である「朱」を授かり、名前も「成功」と改め「国姓爺《こくせんや》・鄭成功」となった。近松門左衛門の人形浄瑠璃「国姓爺合戦」の主人公だ。

鄭成功は一六六二年、オランダを駆逐してゼーランディア城を安平城と改名、一帯を承天府と命名する。しかし、一年を経ずして病死、大陸との戦いも終わる。この英雄ほど歴史上の成果と巷間伝えられるところの名声に差があるのも珍しいのではないか。確かにオランダを台湾から撤退させたが、大陸で明朝を復興させるという野望は夢のまた夢だった。中国人の海賊を父に日本人の娘を母に持つ伝奇性もまた、英雄から神への階段を上がらせるのに与かった。

彼の死後、部下らの願いで建てられた開山廟は延平郡王祠《えんぺいぐんおうし》としていまに残る。廟は清朝皇帝の許しを得て建廟され、日本の植民地時代は台湾最初の神社である開山神社として生まれ変わる。社殿は新造しなかった。第二次大戦後は中国式に戻され、門柱には国民党章が彫り込まれる。大陸からの政権が「民族の英雄」としてその統治に生かし、台湾総督府もまた出自を利用したともいえる。

台南は清朝になって台湾を治める行政機関、台湾府が置かれ「府城」になった。府城の発展は赤崁《せきかん》

台南にある赤崁楼。日本の城の天守閣に上ったような感覚だった

楼《ろう》（プロビンシャ城）の西側に迫っていた入江辺りからだ。楼の前を走る民族路を西に二百メートルほど行って左折すると水仙宮市場が見えてくる。いくつもの水路がかつてはこの市場を中心に行き交い、米、野菜、魚、日常雑貨を運んできたという。

早朝の市場は活気があった。どの店も仕込みに忙しかった。手を休めない人たちに買い手が一人、二人と話しかけ、この日の商いが始まる。少しだけ他の市場と違って感じられたのは、中央に「水仙尊王」を祀る水仙宮があるからかもしれない。廟に線香をあげる人の脇にこれから売り出すトマト、カリフラワーの箱、ネギの束が無造作に置かれていた。だれもが廟を特別に扱わず、市場の一つの「店子」のような気安さで神前を通り過ぎる。それでいて、篤い心が市場から細い路地裏の奥まで伝わっていく。

界隈には行く筋もの湯気が上がっていた。「早《ツァオ》

早朝の「早點」店。こういう店で朝食を摂る人たちは幸せだ

點《ディエン》（早点）」と呼ばれる朝食を出す店の構えはどこも同じようなのだが、不思議と人の出入りの多い店がある。そこはやはり旨い店だろうと思って入る。目の前に獲れたばかりの小魚が並び、小菜の皿が続く。三十圓の魚丸湯《ユィワンタン》は味に深みがあって裏切られることはなかった。

赤崁楼に登る。観光客はまだ少なかった。創建当時の城塞は一部がわずかに残るだけで、清代の閩南《びんなん》式建築様式で建てられた楼は一八六二年の地震で崩壊、再建、修復が繰り返された。楼閣前には乾隆帝《けんりゅうてい》が下賜したといわれる石碑が並び、少し離れて鄭成功がオランダ人の恭順の意を受ける立像があった。一隅に植民地最後の台南市長、羽《は》鳥又男《とりまたお》の胸像が置かれていた。軍部に抗して赤崁楼などの史跡保存に尽力したとあり、少しばかり誇らしげな感慨を覚える。

戦前からの建物は数多く現存し、台南市政府発行の「日本統治時代の台南を偲ぶ旅」というガイドブックまでもある。延平郡王祠から西に足を向けると、北白川宮能久親王が客死した所に行き当たる。親王の死後に建てられた台南神社は現在、公園として整備され、遺構らしきものはなかった。

台南は台湾の古都といわれ、台南の人にはいまでも「府城人」と言われることを好み、台湾近代史は台南から始まったと自負する人が少なくない。

台湾人にとっては、台南は古都なのだろうか。

四百年近い歩みを示す古跡はオランダ、鄭成功、清朝、日本によってつくられた記念物がほとんどだ。台湾人のものはなにもないという言い方もできる。台南を紹介する人々が古都と説明すればするほど、どこか哀しい響きを持って伝わってくる。史跡というものが支配者らの遺したものであるとするならば、なにもないということにこそ、誇りを見出すべきではないのか。

台湾の人たちは大陸のことを唐山と呼ぶ。先祖をたどっていくと、唐末に南の福建省などへ逃れた人たちにいきつく家系が少なくない。台湾語（閩南語）は唐代の言葉の流れを汲み、唐詩を朗々と謡うことができると聞いた。明の時代に始まった移民は清代の厳しい渡航制限下でも続き、流れの速い黒水溝（台湾海峡）を大小様々な唐山帆船（ジャンク）で乗り切った人たちは安平、台南などの南部から北部へと居住地を広げていった。

オランダ統治末期に約五万人といわれた漢人人口は、鄭氏政権時代にはすでに十万人から二十万人を数え、先住民とほぼ同じになっていた。移民は圧倒的に男性が多く、「有唐山公、無唐山媽（大陸から来た祖父はいても、大陸からの祖母はいない）」という状況が生まれていた。

一八世紀初め、福建省からの人たちは台湾北西部を流れる淡水河を遡り、艋舺（ヴァンカ）に船を

淡水河から望む大稲埕。最盛期、各地の産物を積んで往来するジャンクは航跡すらも残さなかったはずだ

止める。ジャンクは喫水が浅く、淡水河を自在に行き来できた。

　台北の街が生まれていった岸辺は、いまは一面の葦原だった。上流からの土砂が河底に堆積して水運機能を奪い、船着き場を湿地に変えてしまっていた。野鳥のさえずりだけが聞こえ、時折河畔のサイクリングロードを走る自転車以外、人の気配はなかった。少し外れた所に、淡水河で見つかった孫悟空像を本尊とする小さな水濂宮《すいれんぐう》があった。ふだんは格子扉で閉められ、農暦（旧暦）の一日と十五日に廟が開く。像は大陸から運ばれてきたのだろうが、西遊記のスターに出会うとは思ってもみなかった。

　廟を離れて萬華《ヴァンカ》の街に入っていくと台北の下町が待っていた。艋舺《ヴァンカ》は、元々この地に暮らしていた先住民の一つ、ケタガラン族の丸木舟が語源といわれ、現在は「萬華」の字があてられている。

台北最古の龍山寺に通じる広州街は車と人と屋台が入り乱れてつながっていた。店の主人らがトランプの卓を囲んでいれば、昔の温泉街にあったような遊技場は、スマートボールに似た盤の上を玉がけだるく転がっていた。小皿料理「小吃《シアオチー》」は二十圓からせいぜい百圓だ。老婆が道路わきの水道の蛇口からホースを引き、頭を洗っていた。アスファルトを突き刺す日差しは通りの両側に続く「騎楼」と呼ばれる柱廊を一瞬の闇に落とす。雪国の雁木《がんぎ》は歩道上に庇が伸びているだけだが、騎楼は母屋の二階が迫り出していた。その下でそれとわかる女性たちが所在なげに立っている。「亜洲（アジア）限定」のポルノDVDは七枚で百圓だった。

白昼の萬華は、アジアの街には必ずどこかにあった猥雑さと逞しさが入り混じった一帯と同じ匂いを発散させていた。

広州街は日が暮れて隣接の華西街と共に夜市になる。昼間歩いた時とは違って、健康的な雰囲気が支配する。屋台やマッサージ屋もすべてが明るく、子供用ゲームコーナーまで揃っていた。毒気の伴わない「観光夜市」だ。セクシャルな世界は、路地の奥へ奥へと逃げていくしかなかった。

龍山寺前の広場は、他の繁華街では見かけない「羅漢脚（ホームレス）」が大きな袋を抱えて「住処」としていた。地下鉄の出入口で物乞いが手を差し出し、右手の数珠の玉を一つずつ動かしながら喜捨を求める尼僧がいた。ビンロウ（檳榔）売りの店が軒を連ね、路上には赤く変色した唾液が吐き出された後の染みが残っていた。周辺では、男たちが小さなスペースをつくって翡翠《ひすい》、古銭、仏具、カメラ、ベルトを売っている。ほとんどはがらくたであったとしても、門前のご利益を期待する人もいるはずだ。少しのスペースさえあれば、古い歌、新しい歌を止めどもなく歌い続ける大道芸人らの

新富市場界隈の路上。冷やかし客たちも、思いのほか真剣な目つきだった

舞台にもなった。

近くの新富市場（東三水街市場）は冬になると、羅漢脚たちが宿を求めて入ってくる。お気に入りは脂がのり、水気のない肉屋の台だ。鮮魚店は水をまくので湿気が多く敬遠された。五月中頃の早朝に市場を歩いたときはすでに夏の陽気を迎えており、羅漢脚の姿はなかった。

古刹の北にある青山宮は一八五六年、当時疫病が流行っていた地区に創建される。大陸から分霊してきた神輿《みこし》が突然、動かなくなったという。廟手前の石碑には民国九二年（二〇〇三）に「萬華地区爆発厳重急性呼吸道症候群（SARS）疫情」による人々の不安を鎮めるため「焼王船駆疫祭典」を行ったとあった。「焼王船」は、船を造って王爺と一緒に疫病、災厄を連れていってもらう台湾南部に盛んな民間信仰、王爺信仰のことだろう。

二一世紀に発生した「SARS」が、感染症より疫病と言った方が当たり前のように響いてくる。人間の感情、欲というものがまだ、生身の形で露わになる街の佇まいが、そう思わせるのかもしれない。「疫情（疫病発生の状況）」という表現に込められた人々の怖れと、信じることで救いを求める心を思った。

七月二十二日の農暦六月十五日夜、水濂宮に火が灯り、青山宮は祀った神の誕生を祝う人たちの宴が賑やかだった。

萬華に代わる新しい湊は少し下った大稲埕《だいとうてい》だった。一八五〇年代から茶、米、樟脳などの産物が海峡対岸のアモイ（厦門）などを経由して広くアジア各地に出荷され、同時に大陸から陶器、農具、日用雑貨などが持ち込まれた。河沿いに倉庫が並び、貿易商、卸売業者らが様々な商品を扱う店を構え、外国商館も進出した。現在の迪化街《てきかがい》辺りだ。末光欣也氏は「台北大稲埕物語」（台湾協会報、平成二五年十月十五日号）で、「広大な水田地帯の随所には共同広場や庭を意味する『埕』が点在した。この埕で収穫期に刈り取られた大量の稲穂を天日干しする光景は『大きな稲埕』と呼ばれ、これが大稲埕（トアティティア）地名の由来である」と述べる。

迪化街は清朝時代のスタイルに則った騎楼の赤茶けたレンガが精彩を保ち、干物類に布地、雑貨などの店が入り組んで通りをつくっていた。エビなどの海産物、シイタケ、ニンニク、中国茶、薬草、すべてが動いていた。生地を売る店は台湾各地からの布を展示していた。陳水扁《ちんすいへん》台北市長による町並み保存と老舗保護運動は、店舗の新築建て替えを禁止して往時を知る手掛かりをいまに残し、海鮮物店「林復振有限公司（有限会社）」などの「台北老店（老舗）」百七十五店も選出する。当時の張景《ちょうけい》森《しん》・同市都市発展局長は「これまでは、台北の街の独自の生活空間を見つめ直す動きがなかった。大陸に目が向いていた国民党政権にとって、台北はあくまで臨時の街でしかなかった」と話したことがある。

通りからはしかし、あまり生活の匂いがしなかった。観光客が多いからかもしれない。これが旧正月（春節）前になるとまた別の顔を見せるのだろう。迪化街と接する横丁、一つ裏の通りにむしろ、毎日の営みがあった。ニンニク問屋では上半身裸の男衆がニンニクの詰まった大袋を店の奥に運び込み、線香と香料の専門店に入った客はどの香にするか、時の経つのを気にしていなかった。「老山檀香木」は一斤（六〇〇グラム）八百圓、小さな塔の形をした線香「水沈香塔」は一斤六百圓の値札がついていた。

二〇一三年夏、唐山帆船の模型が大稲埕《だいとうてい》の埠頭（碼頭《マトウ》）に展示される。以前にあった帆船は前年の台風で流され、再度建造された。全長八メートル、船幅二・二メートルは、三分の一ほどになったが、洪水などに備えた移動式土台もつけられた。

埠頭から河口の淡水まで午後の一時間半をかけるミニ航路があった。淡水河を行き来した商人たちの見た景色とは違っても、唐山帆船に乗った気分になってみるのも悪くない。追憶にかかる船賃は二百九十圓だ。

四十人ほどの乗船者には、団体の観光客もいれば、二人だけの時間を楽しむ恋人たちもいた。思い思いに風に吹かれ、水鳥を追う。小さな帆を上げて漁をする漁船にも遭遇する。ガイドの説明はあまり関心を呼ばず、少しばかり気の毒だった。両岸はサイクリングの列が続く。ガジュマルの木々の下で、夕涼みの人たちだけは静かに動きを止めていた。時々鮮やかな廟のオレンジ屋根が現れる。航跡の延長上に高さ五百八メートルのランドマーク「ＴＡＩＰＥＩ１０１」が見えた。

淡水に近づくにつれ、河の右岸にマングローブ（紅樹林）が広がっていった。河口付近から六十ヘクタールにわたってメヒルギが群生する。沖縄の八重山諸島でもよく見る種だ。小さな木々は大稲埕近くにも自生していたが、淡水の市街地近くに台湾最大の樹林がいまも残っていたのかという思いは強かった。一九八六年、建築廃土、ごみなどの不法投棄による汚染の深刻化に対処して自然保護区が設定されたという。

水辺からマングローブが消えると淡水の渡船場はすぐだった。

船を降りて港町に入ると、大通りへの緩やかな細道に土産物店、小吃店《シアオチーディエン》（軽食店）が軒を連ねていた。潮の香りが伝わってくる隘路《あいろ》は奥へ奥へと繋がっていき、かつては決まって「茶室」と呼ばれる店があった。居酒屋、大衆食堂、喫茶店を併せたような店は、近くの人たちが集まっては茶を飲み、駄菓子を摘まみ、酒を酌み交わし、世間話に興じる。

古く狭い路地から二十年ほど前、台湾語のヒット曲が生まれる。「金門王と李炳輝《りへいき》」が歌う「流浪到淡水（流浪の末に淡水にたどり着いた）」だ。歌詞にある「ホタラ（乎乾啦）、ホタラ」というフレーズは「飲み干そう」という意味だ。ギターの金門王（本名、王英坦《おうえいたん》）さんは金門島生まれで、十四歳のとき島で拾った不発弾が爆発して左手首から先を失い、失明した。革のリストバンドにつけた爪で弦を弾く。李さんも幼い時に視力をほとんど失い、盲人学校でアコーディオンを習った。淡水の人たちが目の手術費を出し合い、少しは見えるようになった。二人は当時二百店ほどあった茶室で歌い、興が乗れば求められなくてもギターを弾き、アコーディオンを奏でた。茶室の外からは夫婦喧嘩の怒鳴り声が響いてくる。隣のテーブルでは、トランプを使った博打が行われていた。

明るい三叉路の広場には、顔と髭だけを彫り込んだカナダ人宣教師、マッケイ（馬偕）の銅像が立っていた。一八七二年、カナダ基督長老派教会の宣教師として淡水に上陸、布教の傍ら、港近くの滬尾街《こびがい》に診療所「滬尾偕医館」を設立する。滬尾街は戦後「馬偕街」に改名される。活動は港周辺から、内陸部の先住民たちにも及び、六十を超す教会を建て、四千人以上の洗礼に携わったともいわれる。キニーネを用いたマラリア治療、二万本の抜歯などを三十年近く続け、女子の教育を目指した「女学堂（真理大学）」も開いた。いまもこの地と西洋文化を結びつける「馬偕博士」の医館は現在、台北の馬偕紀念病院となっている。

大通りは河の流れに沿って下流へと続き、スペイン人が小高い丘に築いたサン・ドミンゴ要塞（紅毛城）跡にたどり着く。要塞はその後、オランダ、清朝が修復を重ね、戦後はイギリス領事館にもなった。要塞跡からは穏やかな川面の河口とその先の海辺が見えるだけだった。マングローブの存在は近代化に乗り遅れた港町を象徴する。天津条約による開港後、基隆《キールン》に北部の貿易港としての地位を奪われ、物資も人もまた、淡水を素通りして大稲埕まで遡っていった。

スペインが淡水と基隆を放棄したことは前に触れた。なぜ奥地を目指さなかったのだろうか。中国人らを使って原野を開墾、淡水近くの北投地区で硫黄採掘を続け、中国商人の先住民との商いなどを通して上流に町ができたという情報は入っていただろう。フィリピンの次に台湾全島を植民地にする考えはなかったのか。疫病などが蔓延していても、世界の各地でそのような危険地域はすでに経験済みだったはずだ。

彼らの視野には大陸と日本しかなく、欲望を掻き立てる香料も金もなかったからか。山口政治氏の『知られざる東台湾・湾生が綴るもう一つの台湾史』（展転社）には、東台湾でスペイン人が金を持っている先住民を知って、金鉱探しをする話があった。先住民は貨幣代わりに使っていたが、南米のインカなどとは違って、黄金文明はなかった。基隆から東にある金瓜石《きんかせき》の金山開発は一九世紀も終わりになってからだ。金瓜石にある黄金博物館のパネルの一つは大航海時代のころ、台湾の東海岸では砂金が採れ、先住民たちが交易に使っていたと紹介する。説明書きに「東方金銀島」は台湾を指しているとも付け加えられていた。文献の出典は不明だ。

スペインを駆逐したオランダも東部の花蓮《かれん》を中心に幾筋の渓谷沿いに金を捜し歩いたが、先住民から砂金を獲得するだけで、金鉱床を発見することはできなかった。金山が、あるいは無煙火薬の安定剤として使われた樟脳の活用法がもっと早く発見されていたならば、と思った。

淡水の渡船場からは対岸の八里地区に向かう渡しが引きも切らなかった。小舟が渡船からの波をかぶって大きく揺れる。雲間からの柔らかな日差しはすでに弱く、シルエットの街だけがあった。

牡丹社事件は日本の野望だった

一八七一年（明治四）十月、琉球・宮古島の役人らが琉球王朝に年貢を納めて帰島の途中遭難、台湾東南部に漂着した。一行のうち溺死の三人を除く六十六人が上陸したが、五十四人が先住民パイワン（排湾）族に殺害される事件が起きた。三年後に起きた台湾出兵の発端だ。派兵軍とパイワン族が戦った牡丹社（シンボチャン社）事件から百四十年の二〇一四年五月二十二日、戦場になった石門地区で、牡丹社事件紀念公園オープンを祝う啓用典礼が開かれた。

パイワン族の少女たちの「勇士の唄」「歓迎の唄」が谷間に木霊《こだま》し、老婆らの祭りの祈り、踊りが続いた。文字を持たない先住民にとって唄は大切な伝達手段だ。台湾の先住民はアフリカなど他の地域に比べて楽器が少なく、それだけ唄の比重が大きいと聞いた。鮮やかな赤地に刺繍を施した民族衣装が強い日差しを浴びて映える。公園の一角には先住民と琉球民が連杯と呼ばれる長い木の杯を持つ「愛と和平の碑」もつくられた。

紀念公園から山道を三十分ほど車で行くとパイワン族の集落、グスグス社（高士仏社）の国民学校跡に着く。標高三百メートルほどの高台は風の通り道で涼しかった。南に向かって立つと右手奥に墾《こん》丁《てい》地区の大尖山《だいせんざん》が望め、東に太平洋と宮古島民が漂着した八瑤湾《はちようわん》が見えた。

八瑤湾の浜は狭く、照葉樹の深い森が海岸まで迫る。彼らが西に向かって彷徨し、パイワン族の集落にたどり着いたであろうルートを目で追った。助かった人たちの話を基にした通説では、不安と恐怖から逃げ出した途中に捕まって殺される。当時のグスグス社頭目の直系、華阿財《かあざい》さん（七五歳）は、「パイワン族の人たちは歓迎したのです」と話す。主食のタロイモを普通は皮をつけたまま食べるところ、わざわざ皮をむき小さく切ってもてなし、翌朝は山に行って草と接触すると言って出かける。「草との接触」は狩りの意味で獲物をごちそうしようとしたが、帰ってみると琉球人はいなかった。華さんは「逃げたのは敵だからではないか」と想像したはず、と考える。山に暮らす人たちは昔から、海上を行き来する船をよく眺めており、見知らぬ人への警戒心は常にあった。

生存者は中国・福州琉球館を経て翌七二年六月に那覇に帰る。この年の九月、明治政府は琉球藩を設置、「琉球処分」に踏み出す。事件処理を巡る清朝との交渉では、先住民は清朝の預かり知らぬ化外の民、との言質を引き出し、琉球人（日本人）を殺害した先住民を「征伐」する名目を得る。台湾

パイワン族の民族服姿の老婆たち。セレモニーは華やかでも、事件を忘れないための公園だ

出兵は、事件を琉球の日本帰属問題に利用した政府の意図に添って強行され、七九年の沖縄県設置につながっていく。

西郷《さいごう》従道《つぐみち》を台湾都督（軍司令官）とする三千六百余人の派兵軍は江戸時代末期に九州各藩が外国から購入していた艦船などに分乗して台湾に向かう。最大の軍艦で旗艦となった「龍驤《りゅうじょう》」（全長六十五メートル、排水量一千五百トン）の定員が二百七十五人だったことから、二十隻以上の軍艦、輸送船が参戦したのではないか。

戦闘のあった石門は四重渓を挟んで両側から峻険な崖が迫り出していた。かつては深い淵になっており、派兵軍とパイワン族が川を挟んで撃ち合う散発的な戦いだった。派兵軍の死者五百七十三人のうち、戦死者はわずか十二人、そのほかはマラリアなどによる病死だった。

派兵軍には薩摩、熊本の士族が義勇兵として多く加わった。孫文と辛亥革命を支えた宮崎滔天《みやざきとうてん》の長兄で後年の自由民権運動家、八郎も友人の有馬源内と参加を許される。山本博昭氏は『近代を駆け抜けた男　宮崎八郎とその時代』（書肆侃侃房）で次のように触れる。

「実際には、八郎たちが体験したのは小さな銃撃戦程度で、山を登り谷を下り川を渡る行軍に苦しみ、『ソノ難、言詞ノ尽クスベキニアラズ』の状況だった。二昼夜、少量のパンと水だけで山中を放浪し、原住民の残した畑の甘蔗を食らい、鶏や豚を屠殺して飢えをしのいだ。むしろ湿熱の気候風土との戦いの方がはるかに大変だった。『全軍多クハ弛張熱（熱帯病）ニ罹リ、ソノ気燃ニ抵触セザル者十中ノ一ニモ及バズ』と有馬は書き残している。軍務を解かれた後も『病褥ニ伏シ全癒ニ至リシ者ナク、鬼籍ニ入ルモノ相半』という有様だった」

明治政府は宮古島の生存者が那覇に戻った年には早くも、後に初代台湾総督になる樺山資紀《かばやますけのり》らを密かに台湾へ向かわせ現地情勢の把握にあたらせている。出兵時でも派兵軍の一部を台湾中部から北部の調査に回らせたともいわれる。日本は全島を支配したいという思惑を持った最初の国家だったのではないか。下関条約で植民地としなくても野望は続いていたかもしれない。

四重渓を下って車城の街に出ると、琉球民の墓が幹線道路から少し外れた畑の中にあった。台湾でよく見られる土饅頭型墳墓の前に「大日本琉球藩民五十四名墓」と刻まれた日本式の墓石が配ってある。遺骨は派兵軍が集めた。四十四人しか見つからなかった髑髏は故郷の宮古島でなく、那覇の護国寺境内に埋葬されている。政府が那覇に特別な意味を持たせて「留め置いた」のだろう。

護国寺は那覇市若狭町の波上宮に隣接し、琉球王朝の祈願寺として建立された沖縄最古の寺だ。市指定史跡は墓碑裏面の建立理由によるとして「（前略）遭害事件の三年後に行われた台湾出兵時に収拾された頭蓋骨（遭害者五十四名の内四十四名分）は若狭町上之毛の墓地に収められました。しかし、そこは不便であったため、一八九八（明治三一）年三月有志の手により護国寺に移され、墓碑が立てられたとあります。この文は、当時の沖縄県知事奈良原《ならはら》繁《しげる》が記したもので、移設式典が壮大に行われました。この墓が、移築された年は、日清戦争後の台湾領有を終えた時期で、このことからもこの墓碑の移築が、日本の新たな国際関係を示す重要な国策であったことがうかがえます」と記す。

車城から南に七・五キロほどの恒春《こうしゅん》は、修復を重ねたとはいえ、台湾で唯一、周囲に城門の残る街だ。元々は先住民のパイワン族、シラヤ族が暮らしていて、古称の「Ｌｏｎｇ Ｋｉａｕｗ 瑯嶠」はパイワン族の言葉がオランダ語に音訳され、さらに漢字に転じた。台南、高雄に移住してきた漢人らが次第に南下してくるが、清朝は日本の台湾出兵によって初めて台湾南部への関心を示す。事件翌年、この地に城塞を作ることが建議され、一八八〇年に古城が完成する。「恒春」という名前も、いつも春のような気候だとしてこの時に生まれる。

四つの城門と城壁に囲まれた恒春の中心部は約六百五十メートル四方だ。高雄からの道に繫がり、日本軍が上陸した西海岸からの攻撃を想定すれば堅固に造られたはずの西門から歩いてみた。

西門は老街の入口だ。外部から通じる道は狭く両側に薬局、茶店などの看板が迫り出していた。門は車一台がやっと通れるぐらいの広さだ。潜り抜けると右手に廟が見え、通り沿いに古い町並みがあった。北門へは城壁伝いに行く。城壁の一部は途切れ、現在のメインロードが横切っていた。ほどなく住宅街の一角に立つ門に出会う。城壁から外に市街地が広がって城内を包み込んでいるわけでもない。城の中に小さく固まったまま時が過ぎてきたと言った方がいいのかもしれない。大通りには点

恒春の城門の一つ、西門。異境への入口のようだった

滅式信号だけしか見かけなかった。

北門を背に東門への途中に立ち寄った市場では、マグロの胴体が無造作に並び、野菜は売り場から迫り出していた。細い大根とカボチャを路上に並べただけの露店には日本では見かけなくなった秤が置いてある。ビンロウ店の「看板娘」は台北などでは定番の若い女性ではなく、姉御風のおばさんだった。

東門脇には毎年農暦七月十五日前後に行われる「搶孤」と呼ばれる競技の舞台があった。高さ十一メートルの丸太が三十二本立ち、脂が塗りこまれる。各チームが滑りやすい丸太を、それぞれの肩、頭を足場に上っていく。中元祭の供物を公平に分け与えるための便法として始められたといわれ、清の時代の福建省にその起源を持つ。

立派な構えの南門はロータリーになっていた。この街を舞台にした魏徳聖監督の映画「海角七號」の主人公、阿嘉の家が近くだ。植民地・台湾で日本人教師と教え子が恋に落ちたが、敗戦で教師は日本に帰る。教師が教え子に綴った恋文が時を経て、いまでは老いた教え子に渡される。映画は二人の悲恋に現代の若者らの生活を絡ませて描いていく。魏監督はさらに先住民が蜂起した一九三〇年の霧社事件をテーマに「セデック・バレ」を撮り、事件翌年に全国中等学校野球大会で準優勝した嘉義農林を追った「KANO」を製作する。

「海角七號」が若者の共感を呼んだ背景には、大陸との有形無形の付き合いを三百六十五日強いられる社会からの解放を求める気持ちがあったのではないか。圧迫感と閉塞感の入り混じった現状に留まらず、台湾としての自己主張を強くアピールすべきだという思いを内包しているのでは、と感じる。「戦前の日本」は映画の舞台として借りただけなのかもしれない。

日本統治時代の日本人と台湾人の係わり合いを三回も映像化した理由は何か。彼は朝日新聞の二〇一五年一月二十八日付けのインタビューでは「人間ドラマが描ける時代を考えたら、偶然重なっただけ」と答えた。

南門から出て城外に、ホウオウボク（鳳凰木）と屋台の果物屋があった。大木の下に腰を下ろして見上げると、伸びやかさを取り戻した南国の風が細い葉を揺らしていた。道はそのまま台湾最南端の鵝鑾鼻《がらんび》へと続く。小さな湾がいくつか見え隠れする。南湾からは砂浜の奥に第三原発が見えた。東日本大震災前の「福島」も同じように、幸せな海辺だったのだろうと思う。

鵝鑾鼻から先はバシー海峡を挟んで左が太平洋、右が台湾海峡だ。先住民たちはかつてこの海を渡ってきた。海と空との境界の遥か先に、彼らの祖先の地がある。

植民地教育は芝山巌の惨劇から始まる

台北市の故宮博物院から西に一・五キロほどの所に芝山《しざん》公園と呼ばれる小さな丘がある。日本が台湾を植民地とした一八九五年の夏、台湾総督府の伊澤修二学務部長は、山頂の恵済宮に初の日本語教員養成所、芝山巌学堂《しざんがんがくどう》（学校）をつくり、植民地教育をスタートさせた。日本の統治に漢人らの抵抗は激しく、翌年の元旦、日本人教師六人が付近一帯で起きた反乱によって殺害される事件が発生する。

海抜五十三メートルの小山は市道から真っ直ぐに階段が伸びている。殉職六教師を祀る芝山巌神社は上り切った先に造営され、跡地が図書室になっていた。入口脇に伊藤博文による「学務官僚遭難之碑」が苔むして立つ。第二次大戦後に取り壊されたが、台北市によって修復された。図書室裏の雑木林には台湾で亡くなった教育者の名前を連ねた二基の石碑が並び、他に一基が割られたまま落葉の上にあった。学校の名称が士林国民学校に変わった当時の卒業生が開校百周年に建てた「六氏先生之墓」だけが時代を繋いでいた。

学校ができる前の芝山巌は大陸から移ってきた漢人と先住民との闘い、出身地を異にする中国人同士の抗争の場でもあった。福建省漳州《しょうしゅう》出身者が思慕する恵済宮は再建され、近くの「同帰所」という祠には移民同士の抗争によって倒れた人たちが無縁仏として祀られている。国共内戦に敗れて台湾に逃れた国民党の情報機関も芝山巌周辺を拠点とし、内戦時に同機関の一つ、軍統を率いた戴笠《たいりゅう》の顕彰碑が木立の中に見えた。

芝山巌学堂のあった芝山公園。日本人教師が殺害されたとき、この階段はあったのだろうか

一九四五年（昭和二十）二月一日付けの日刊紙「臺灣新報」は「六氏先生五十年祭に当りて」という記事で、町田則文・台湾総督府初代国語学校長の言葉として「わが国において日本的教育を外国人に施すことは建国二千五百年以来台湾をもって嚆矢《こうし》とする。（中略）言語、歴史、風俗、習慣を異にする新附の民をして、皇恩に浴せしめ以って、尽忠報國《じんちゅうほうこく》の精神に燃ゆる皇民となし、大和民族と融合一体となさしめる」と掲載する。

台湾人児童が入学する公学校では行列の仕方もできない子供たちに唱歌教育を積極的に取り入れ、健康診断では纏足《てんそく》のチェックが行われた。卒業者は全島に蔓延していた熱帯病の予防治療に従事するスタッフ不足解消のために五年制の医学校に進学することもできた。

小学校と公学校は四一年に国民学校に統一され、全島皇民化に向けた教育へと突き進む。皇

芝山公園にある学務官僚遭難之碑。伊藤博文は日清戦争と日本人教師殉職のとき、内閣総理大臣だった

国の民となった台湾人は第二次大戦末期、次々と戦地に従軍していった。

　五十年間に及ぶ日本式教育を植民地支配の一環だったとして一概には否定できない。といって今日の台湾の礎ができたと手放しに評価することもできない。日本語教師の養成現場などでは現在も、戦前に海外において実施した教育、日本語教育に関して様々な意見があると聞く。

　台湾人が公学校で学ぶものは日本の文化であり、歴史であり、台湾そのものについては知るすべを持たなかった。この状況は戦後の国民党政権下でも変わらなかった。中国大陸の歴史、文化の学習が基本であり、台湾そのものについて多くの時間が割かれるのは九〇年代の李登輝総統時代になってからだ。

　いまは市街地の中にある丘は学堂ができた当時の資料写真を見ると、水田に囲まれ、廟らしきものがわずかにそれとわかる程度だ。司馬遼太郎は『台湾紀行』（一九九四年発行）に「学務部といっても、教育制度が存在するわけではなかったから、とりあえず、一校を興そうとした。伊沢は、その適地をさがした。やがて台北の北郊の芝山巌という平野に孤立した一丘陵にのぼって、大よろこびした。教育の府は眺望のきくところでなければならないと伊沢はおもっていた」と書く。

　図書室内の「芝山巌事件始末特展」によると、伊澤は最初、台北市内の淡水河に面した繁華街に学

烏山頭水庫。映画「ＫＡＮＯ」には、このダムの広がりは登場してこなかった

務部と学校を設立した。入学者はなく一か月後に芝山巌に移る。辺鄙《へんぴ》な所に建てた彼の心中は『台湾紀行』にある通りだったのか。台北の中心部に残っていれば、事件にも遭わなかったはずだ。台湾全島に日本の教育を徹底させるためにはあえて片田舎から、という意気込みが芝山巌を選ばせたのではないか。

日本が台湾を植民地とした時代の功罪については教育問題に限らず、いまでも事あるごとに論議を呼んでいる。魏徳聖《ぎとくせい》氏の「ＫＡＮＯ」は、植民地政策を美化するという批判と、夢に向かう若者の姿を描いたという好意的意見が紙上を賑わした。甲子園の準優勝とその一年前に完成した烏山頭水《うざんとうすい》庫《こ》（ダム）を同時進行させた脚本も、歴史問題の対象になってしまった要因の一つかもしれない。

烏山頭水庫は台南から北東に汽車とバスを乗り継いで一時間のところにある。台湾西南部の嘉南平野を大穀倉地帯に変えたダムは、碧色の湖面が少し白濁していた。奥に中央山地の山並みが望めた。長さ千二百七十三メートル、高さ五十六メートル、底部幅三百三メートルの大堰堤は大部分を石、粘土などで築かれた。黒部ダムなどと違い、辺りの自然の中にあって違和感はなかった。幅九メートルの堰堤上に立つと、自分がアリになったような気がした。

嘉南大圳《かなんたいしゅう》と総称されるダムと用水路は一九二〇年（大正九）、政府補助と農民らでつくる組合出資によって着工される。総責任者は台湾総督府土木技師の八田與一《はったよいち》だった。三年後の関東大震災の影響で政府補助の減額があったもの、一九三〇年（昭和五）完工する。植民地の安定経営のために、水利の悪さから農地には不向きとされていた十五万ヘクタールの原野をそのままにしておくわけにはいかなかった。

八田は金沢市に生まれる。一九一〇年、二十四歳で台湾に赴任した。太平洋戦争末期、フィリピンの綿作灌漑調査に赴く途中に客船が撃沈される。敗戦から半月後、台湾に残っていた妻の外代樹《とよき》も烏山頭で入水自殺する。

湖水を見下ろす丘に八田の銅像と夫妻の墓がある。彼の命日の五月八日には毎年、ダムと灌漑設備を管理する組合などによって追思会が開かれ、二〇一四年も地元の関係者、遺族らが集まった。銅像はダムの完成から一年後につくられ、戦時中の供出を免れる。日本統治時代の顕彰碑などが多く取り壊された戦後も組合によって守られ、一九八一年にようやく元の場所に戻された。

追思会出席者用に用意された赤い天幕の列を見ながら、いまも偲ばれている八田の幸せを思った。土地の人たちの感謝の気持ちは大切に受け止めるべきだと思う。ただ、大きな恵みを与えてくれた人への思いはあっても、そこには「日本人」だからという発想はないのではないか。八田にしても、たまたまダムを造った場所が台湾だったというだけではなかったのか。『台湾紀行』に紹介され、李登輝元総統の賛辞などもあって有名になったが、日本統治時代の工事はあくまで、植民地支配に有益だったからであって、台湾の人たちに良いことをしたというストーリーに集約する話ではない。

目白大学教授で日本統治期台湾の研究者である胎中千鶴氏は『植民地台湾を語るということ』（風響社）に、「植民地支配システムの中枢に組み込まれた官僚の一人として、台湾の水利事業に携わった。彼の個人的信条はどうあれ、職務上の業績をそうしたシステムから切り離し、あたかも個人事業のようにとらえることは適切とはいえない」という見方を提供する。

台湾に貢献した日本人は他にもいる。日本の米を台湾の風土に合った蓬莱米《ほうらいまい》に改良した農学者の磯永吉《いそえいきち》、末永仁《すえながめぐむ》もそうだ。台北市の台湾大学構内に残る旧高等農林学校作業室では二〇一四年五月、蓬莱米が生まれて八十八年を記念する「蓬莱米　米壽慶展」が開かれた。二人が一九二六年に二つの品種から「台中６５号」をつくり、当時の総督によって「蓬莱米」と命名された経緯、実験器具、書簡、台湾稲作の歴史などが紹介されていた。命名の一年前に造

烏山頭水庫の八田與一像。彼は立像ではなく座像を望んだといわれる

られた木造平屋建ての作業室は、試験田、遺伝学実験畑などに囲まれ目立たない。見学者が時折、道に迷ったかのように訪れ、スタッフから説明を受けていた。「彼らがいなければいま、おいしいご飯を食べられなかった」と言われ、思わず笑顔を返していた。

知人は八田を「運のいい人だ」と評した。台湾だから運のいい人になれたのだろうか。朝鮮半島でも同じように尽力した人は少なくないだろうが、仕事を評価する声はあまり聞かれない。二〇一五年春、大正時代に大邱《テグ》市近郊に貯水池を造った水崎林太郎を讃える会が開かれたことが報じられたものの、知名度はまだまだ低い。植民地時代への記憶が台湾に比べてはるかに尖鋭な社会にあっては難しいのかもしれない。

烏山頭水庫前の田はすでに穂を付け始めていた。畔にはアップルマンゴー（愛文芒果）がいくつもなっていた。南国の日差しはどこまでも眩しかった。

台湾に故郷をつくった無名の人たちのこともたどってみたかった。

二〇一四年の二月下旬、台湾東部の花蓮を友人らと歩く。海抜三千五百メートル以上の奇萊連山《きらいれんざん》を背に街はゆったりと広がり、目の前は太平洋だ。アフリカンチューリップの朱色の花が高層ビルのない空に映え、路地の所々には土が顔を覗かせていた。日本の地方都市でもシャッター街になる前には持っていたはずの、雑然とした中の明るさと活気と開放感があった。ビンロウ（檳榔）を売る店も台北と違って堂々と主張していた。同行の花蓮《かれん》生まれの呉滄瑜《ごそうゆ》さん（八二歳）が「昔は山の人（先住民）がよく噛んでいて、それと分かった。いまは台湾人も好きだよ」と話してくれた。通りを歩く人の服装からも先住民を見分けるのは難しかった。

花蓮駅から南西の吉安郷は碁盤の目のような農道に添って、サツマイモ、サトイモ畑が続いていた。日本統治時代は最初の官営移民村、吉野村があったあたりだ。

台湾東部は西部に比べ豊かな平野部が少なく、開発が進まなかった。台湾総督府は一九一〇年（明治四三）、徳島県吉野川流域の農民九戸二十人を入植させ、開墾に着手する。吉野村が生まれた経緯は村出身の山口政治氏の『知られざる東台湾・湾生が綴るもう一つの台湾史』に詳しい。移住条件は、既婚者で家族共々永住の意思が強固で農業を専業とするなどと厳しく、一七年（大正六）までの入植者は、九州、四国、中国地方を中心に、千六百二十一人の応募者から選抜された千百人だった。「湾生」は台湾で生まれた人たちのことだ。

移民たちの心の拠り所となった真言宗吉野布教所も創建される。四国から小さな石像が運び込まれ、境内には四国巡礼霊場を模した八十八体の石像と弘法大師像が安置された。敗戦後、中華民国政府は日本人の台湾永住を許さず、彼らはすべてを失って帰国する。花蓮生まれの湾生、家族らはいまでも「故郷」を回り、現在は慶修院となった旧布教所に参拝するという。台湾では珍しい日本式の寺は観光スポットになり、吉野村当時の写真も展示されていた。

吉野村一帯は元々、先住民のアミ（阿美）族が暮らす「チカソワン（クスノキがたくさん生えている美しい土地）」と呼ばれる土地だった。移民村が生まれる二年前、統治する日本との間に七脚川（チカソワン）事件が起きる。『知られざる東台湾』は「明治四一年十二月十三日、チカソワン社隘勇《あいゆう》十九名が逃亡を企てた事から始まった」と書く。

総督府は山地先住民の住む地域との間に高圧電流鉄条網などで境界線をつくり、隘勇（武装監視員）

には平地アミ族からも採用していた。双方の衝突はその後も続き、アミ族の人たちは「一三年（大正二）に樟脳をつくるクスノキと水の管理を巡って激しく対立した。大きな木は切ってもいいが幼木は残すようにいったが聞き入れられなかった」と伝える。一連の事件後、多くのアミ族はさらに南の台東などに逃亡、あるいは移住させられる。土地は移民村に変わった。

吉安郷七脚川地区のロオカサウさんは七十九歳だった。「両親も台東に逃げた。石ころだらけの荒れ地で、五月から九月まではずっと旱魃《かんばつ》だったと話していた」。再び花蓮に戻ってきた時は、恭順の気持ちを伝えたのだろうか。昔話の合間には日本語の「豊年祭」「飛行機」「頭目」といった言葉が飛び出し、「一月一日」の歌も淀みなかった。

花蓮の名前は一つに、中央山脈から海に流れ込む奔流が渦をつくり、陽光を浴びて蓮の花のように美しかったことからきた、と聞いた。蓮花は国家に翻弄された日本人移民と先住民アミ族の苦難を覆い隠すかのように思えた。

霧社蜂起の生存者はいなくなった

二〇一四年の十月二十七日、霧社の朝は大気が冷たく乾いて心地良かった。百メートルほどの通りを高校生、中学生らが通り過ぎていく。肉包子、饅頭を売る店は学生らでいっぱいだった。診療所、郵便局、警察、旅館が軒を並べ、教会が三つもあった。濁水渓と眉渓の流れに挟み込まれた標高千百メートル余の小さな町に、午前七時を過ぎると秋の柔らかな透明な日が差し込む。対岸の山頂近くまで続く茶畑が輝きを増してくる。日本統治時代の一九三〇年に起きた霧社事件の朝も変わらない日差しだったのだろうか。

先住民セデック族三百五十六人の武装蜂起は夜明け前に始まる。午前四時半ごろ、町の東にあったマヘボ駐在所を襲い、八時ごろには地域合同運動会が開かれていた公学校に乱入、日本人百三十四人と日本服姿の漢人二人を殺害した。決起には霧社の十一集落のうち六集落が加わり、翌二十八日未明までに町と周辺に配置されていた十三の警察官駐在所を襲い、三八式騎銃など百八十丁と弾薬二万三千三十七個を奪った。

この十月二十七日は北白川宮能久親王の命日の前日にあたり、各地の神社で「台湾神社祭り」が開かれることになっていた。霧社では合同運動会になり、午前八時には国旗掲揚があった。

台湾総督府は直ちに軍隊を派遣、蜂起に加わらなかった人たちを先頭に立て、二か月をかけて鎮圧する。首謀者のモナ・ルド（Ｍｏｎａ　Ｒｕｄｏ）は自殺した。六集落千二百三十六人の死者は六百四十四人、縊死《いし》者がその中に二百九十人もいた。戦闘に加わった人もいたが、夫が攻め入る前に一家の女性、子供らの縊死を見届けたり、夫を送り出したりした後、家族全員が縊死したといった例も多かったという。

公学校は台湾中部、埔里からの山道が町に差し掛かる所にあった。いまは台湾電力の事務所に変わり、学校跡を示す説明板に事件直後と思われる写真が張られていた。慰霊祭の「八十四週年紀念曁追《きつい》思活動《しかつどう》」はさらに五分ほどの霧社山胞抗日起義紀念碑前で行われた。各集落から百人を超す人たちが集まり、モナ・ルドの墓に祈りを捧げ、古老らの唄、子供たちの踊りが続いた。七十五歳になるハ

霧社事件の慰霊祭。日本人として参列するには心の準備が必要だった

ボ・ルビさんは「事件は母から教わった。若い人たちはもう、ほとんど知らない」と話した。

蜂起の原因は台湾総督府の先住民に対する理蕃《りばん》政策への反乱という大枠では一致しているのだが、詳細はまだ不明なところが多いようだ。

理蕃政策は主に山地先住民を威迫《いはく》して日本の台湾支配に順応させていく政策だ。山地先住民は平地の先住民が漢人に同化していったのとは異なり、支配されるという歴史を持っていなかった。彼らは総督府によって山間部の大部分を官有地として取り上げられ、平地の指定地へ強制的に移住させられた人たちもいた。各集落に派遣された警察官は武力を背景に日々の生活を監視するとともに、有力先住民家族らとの婚姻を通じて現地に「溶け込む」ことが奨励され、子供たちを「教育」するという役割まで担った。

事件の直接の引き金は、木材の切出し、学校、宿舎などの建設及び補修工事などの過酷な作業と労賃の低さへの不満、あるいは先住民の婚礼時、通りかかった日本人警察官が非礼なことをしたなど、いくつか挙げられている。日本人殺害についても、最初から全員を殺害するという話から、警官だけを殺して婦女子には手を出さないという約束があったという話も残っている。

霧社の人たちは「GAYA(山の人たちの決まり)」が犯されたと考えた。式典パンフレットの中国語では「尊厳」「道義」とあった。日本人は「GAYA」を理解していなかったということか。根底には「文化の違い」という理解の仕方では答えの出ない支配者と被支配者という決定的に異なる状況があった。

三一年四月、六集落の生き残った人たちの収容所を日本側に協力した先住民が襲う第二の霧社事件が起きる。殺害を免れた二百九十八人は埔里からは北に約十八キロ、霧社までとほぼ同じ距離の清流地区に強制移住させられた。北港渓などの川に囲まれた平地を日本人が「川中島」と名付け、川中島祠も建てられた。その跡にできた霧社事件餘生紀念館を管理する曾《そ》春風《しゅんぷう》さん(七三歳)は川中島で生まれる。母方の祖父はモナ・ルドの友人で、一緒に一か月ほど日本を旅行したと聞かされた。「モナ・ルドは大砲やら鉄砲やらを見せられ、日本の力を知らされていた。最初は事件を起こす考えはなかったかもしれない」と話した。祖父は加わらず、川中島でマラリアで亡くなる。「おとなしい人だった」とだけ言った。

晩秋の川中島にサザンカを多く見かけた。花はまだ咲いていなかった。山の斜面に植えられた木々は観賞用ではなく、実から採れる油が高価で捌けるからだと聞いた。ツバキを探したが見つからなかった。埔里に通じる一本道のバス停まで見送ってくれた曾さんは、バイクで行き来する若者を見

慰霊祭会場の少年少女ら。屈託のない笑顔が弾けた

ながら問わず語りに話してくれた。「若い人には、事件は事件として、川中島に移ってきて良かったと考える人もいる。ここでは稲作ができ、コメが食べられるからだ。霧社の山の中ではイモと粟だけで、麻ひもをつくる生活だった」

一九九〇年、事件から六十年経った霧社での二つの集会を取材した。紀念碑前での慰霊祭は今回と同じように政府当局の主催だった。賛美歌が歌われ、先住民にキリスト教徒が多いことをその時、実感した。蜂起した人は五人しか残っていなかった。そのうちの一人、パワン・ナウイさんは当時七十六歳だった。「山で切り出した長さ三・五メートルもの材木を一日がかりで担がせた。地面につけて引っ張ると、日本人の現場責任者が材木に傷がつくと言って怒鳴った。私たちを奴隷のようにこき使った」「鉄砲と火薬を探すのに手間取り運動場に着くのが遅れた。実際にだれが日本人と戦ったかはわからない。毎年、紀念碑に行くが、何も考えられなくなってしまう。悪い夢だった」と記憶の糸を手繰ってくれた。最後に「日本にもたくさんの友だちがいる。もう日本人を恨んでも仕方ない」と笑顔を見せてくれた時は、暗い気持ちがほんの少しばかり軽くなったのを覚えている。

いま一つの集会は公学校跡で開かれた先住民の権利を訴える集会だった。代表の一人は「少数民族への圧迫に対する抵抗にこそ、事件の本質がある。決して単純な反日の戦いではない。戦後、支配者が日本から国民党に変わっただけだ。だからこそ、霧社事件の精神は生き続けなければならない。慰霊だけの集まりであってはならない」と話した。

二〇一四年の式典に参加した人がパワン・ナウイさんは十年ほど前に亡くなったと教えてくれた。決起に係わった生存者はもう一人もいないという。

九份の金鉱石は掘り尽された

台湾北部の港町、基隆からバスで四十分ほど東に入ると九份《きゅうふん》の街がある。日本統治時代から戦後の一時期まで金鉱山として知られ、山の北側に立つ家々からは東シナ海が見下ろせた。山上のいくつもの墓がやはり、海に向かってあった。十月中旬の九份は風がすでに冷たかった。時折、小雨が降ってきた。「南の国」にいて、久しぶりに時雨という言葉を思い出す。突然の雨に買う人が多いのだろうか、「雨傘、雨衣」の看板を掲げた店が目立った。

小さな街のメインロード・九份旧道は、斜面に沿って、あるいは斜面を上り下りして、人々の営み

九份の夜景。「千と千尋の神隠し」の着想を得たとの話は、私には無縁だ

を伝えてきた。狭い石畳の路地はいま、土産物屋、レストランが接する観光路地に変身して新たな活気を呼び込んでいた。魯肉飯《ルーロウファン》（煮込み豚肉かけ飯）、牛肉麺《ニオウロウミエン》、魚丸《ユィワン》（魚をミンチした団子）、酔鶏《ズウエイジー》（鶏肉の紹興酒漬）、花生捲《ホアションジュアン》（ピーナッツのクレープ）、台湾茶、からすみ、アイスクリーム、グァバジュース、駄菓子、皮製品、南国風衣服、玉の腕輪、ガラス工芸と、ありとあらゆるものが揃っていそうだ。九份だけのものは少ない。それでも人を惹きつけるものは何か。山の中の限られた空間の触れ合いが、無機質なスーパー、コンビニに飽いた人たちにとっては温もりに感じるのだろうか。

日が落ちていくとともに赤い提灯、ピンクの提灯が少しずつ灯っていく。墓地と空とが混然とするころ、街もまた、提灯と弱い電燈の光の中に沈んでいく。宿にチェックイン後、夜九時過ぎに旧道を歩くとすでに人の姿は少なく、犬も猫も消えた。ぼんやりとした薄明りの中に雑貨屋が見える。店を出た人は路地よりさらに細い枝道に入り、人影は一瞬の内に消えた。遥か先の海に漁火が見えた。

闇と光が労《いた》わり合う光景に身を置きたくて、民宿を探したと合点する。

九份の朝は遅い。午前の七時半を回るころ、ようやく草仔粿《ツァオツァイクー》（草餅）店に湯気が上がり、芋圓《ユーユエン》（サツマイモなどの団子汁）店の奥からは蒸かしイモの甘い香りが漂ってくる。通学の小学生がシャッターに取り囲まれたような路地を走り抜け、包子、饅頭を売る店に立ち寄った。どこの街にもあるはずの市場はない。午前十時までは車の乗り入れができる旧道に軽トラックの魚屋が荷台に浜で獲れた魚を並べて来る。到着は拡声器が知らせる。肉屋の荷台にも豚の足などが無造作に載っていた。八百屋だけは見なかった。

街が生活のにおいを少しずつ隠していくのと入れ替わるように、大陸、日本、韓国からの観光客が薄暗い路地に吸い込まれていく。店の売り子と客のやりとりが続く九份を離れ、基隆山の峠道を越えて金瓜石《きんかせき》に向かう。金瓜石もまた金を産出して栄えた町だ。

山間に沈む街には、鉱山の歩みを伝え、二二〇・三キロの大金塊を展示する黄金博物館と参観用の坑道があった。鉱山の町だったことを教えてくれる場所はここだけだった。外には何もなかった。日本人職員の宿舎だった「四連棟」、大正時代に皇太子（昭和天皇）行幸の休息所として建てた「太子賓館」などがテーマパーク風に揃っていたが、「ゴールド」を思い起こすことはなかった。

坑夫病院跡から眺める海は山に遮られてわずかしか見えない。祈堂路《きどうろ》と呼ばれる老街は、九份の賑わいとは違ってひっそりと静まり返っている。週末だけ営業する店も多いという。駄菓子屋は奥の暗がりに女将が座っていた。

九份と金瓜石の金鉱山は一九世紀末に相次いで発見される。基隆で鉄道工事が行われていた一八九〇年、基隆河で偶然砂金が見つかり、これを手掛かりに鉱脈探索が続き、三年後、上流の九份で地表に露出していた金鉱脈にたどり着く。翌一八九四年には金瓜石でも金鉱が発見された。この年、日清戦争が勃発する。

台湾総督府は台湾領有直後に金鉱採掘禁止令と鉱業管理規則を発布、基隆山を挟んで西の九份を藤田組、東の金瓜石を田中組がそれぞれ請け負って採掘が始まる。九份の経営はその後、台湾の実業家、顔雲年《がんうんねん》の手に渡る。金瓜石は日本鉱業が引き継ぎ、一九三〇年代には産金量が五トンを超えたほか、銅も採掘された。戦後は国民党政権の管理下に置かれ、九份は一九七一年、金瓜石はその十六年後に閉山を迎える。

二つの金山とその最盛期は、日本の富国強兵政策とアジアへの侵略の歴史に重なる。発見の時期は全くの偶然だが、あたかも「軍資金」として登場してきたかのような奇妙な錯覚に襲われた。

「風を聴く　九份」と「雨が舞う　金瓜石」という二つのドキュメンタリー映画をつくった林雅行監督は「雨が舞う」のパンフレットで二つの街を次のように紹介する。

「二つの金の脈は、上部でつながっていた。九份は脈を探して金を掘った。鉱石の運搬は、一部機械化されていたが坑内は手作業。四つの大きな脈を中心に、小さな脈が三百あったという。金の含有量は、七五パーセントだった。一方、金瓜石は、八〇—九〇パーセントの含有量があり、坑内に入り、機械で丸ごと掘って金を採っていた。金瓜石だけでも東洋一の金山。同じ金脈の九份も合わせると、その地位は不動といえた」

「二つの鉱山の違いの中でユニークなのは、九份は、出来高制で、オーナーが坑道を借料をとって下請に貸し出す。下請は、一定期間に金を掘りあてれば（何パーセントかをオーナーに上納する）大金持ちになるが、掘りあてなければ、借料だけを払わせられる。（中略）金を得た者は、享楽を求め、街には飲食店、女郎屋ができた」

「金瓜石は、日本人（日本鉱業）の支配した鉱山で、日本人を中心に街が形成され、社宅、社交場、運動施設が整備され、周辺に台湾人や中国大陸からの出稼ぎ人が住んでいた」

九份も金瓜石も、侯孝賢監督の映画「非情城市」のロケ地になったところだ。映画は日本の敗戦直後、国民党軍が台湾人を虐殺した二・二八事件がテーマだった。戒厳令解除から二年しか経っていない八九年に製作され、事件はまだ公には認められていなかった。舞台になった基隆と辺り一帯の雰囲気が鉄火場だったころの九份や金瓜石に似ていたのだろう。すでに閉山していた二つの街は、スタッフらの気負いを受け止め、ゴールドラッシュのときの顔を取り戻していたのかもしれない。界隈は映画を契機にして再び人々の郷愁を呼び起こして観光地になった。そのことは、時代の空気というものを残すということがいかに難しいかの見本のようにさえ思えた。

九份の外れに顔雲年の記念碑が立つ頌徳《しょうとく》公園がある。ここまで足を延ばす観光客はほとんどいなかった。彼は金鉱経営とほぼ同時期に、南西に直線距離で十五キロと離れていない平渓地方で炭鉱事業に乗り出す。台湾の鉱物資源はほとんどがこの東北部の一角に集中しており、石炭の採掘も一六二四年、オランダ人によって基隆近郊で始まっている。平渓地区は一九〇七年に同地区の村長が

平渓支線。ディーゼル車からの眺めはバスでは味わえない、と悦に入る

最初の露天掘り採掘権を獲得している。

顔は二〇年（大正九）に台陽鉱業を立ち上げ、基隆河上流を開発していく。二年後には石炭運搬用に軌道を完成させ、翌年に現在の平渓支線全線が開通する。当時は平渓の旧名、石底からとった石底線だった。同鉱業内には基隆まで山越えにケーブルを通して運んだ方が経費がかからないという意見が多かった。顔は「レールの行く所に文明が行く」と譲らなかった。二九年（昭和四）、台湾総督府鉄道局が買収、旅客車の運行もスタートした。

　平渓支線は台東まで行く東部幹線の三貂嶺《さんちょうれい》駅で分かれ、終点菁桐《せいとう》駅までの一二・九キロを結ぶ単線だ。途中には五駅ある。戦後は沿線に十八の炭坑ができ、鉱山労働者と家族、各種施設従業員ら四千人を超える人たちが生活していた。上下線が唯一離合できる十分《じゅうふん》駅近くの新平渓炭鉱は六五年に開坑、九七年の閉山後は新平渓煤礦《しんへいけいばいこう》博物園として採掘道具、石炭を満載したトロッコを引っ張る小型電気機関車などを保存している。同園の資料によると、一九世紀中頃にはすでに四千三百トンを輸出していた。日本統治時代に出炭量百万トンを記録、国民党政権になって四百万トン近くまでに達した。

　菁桐駅構内には石炭、砂利などを貯蔵したホッパーが朽ちたまま残っている。九州・筑豊炭田の中

ランタンが揚がる十分駅。線路はすでに、町の景色の１つだった

心地、飯塚の郊外で以前、ボタ山に草が生えていたのを見たことがある。石炭採掘時に一緒に掘り出される「ボタ」と呼ばれる石炭屑《くず》、岩石などの山だ。ボタ山はそこに炭鉱があったことの証左としてきっぱりと存在していた。基隆河の炭坑跡にはなかった。日本特有のものなのか、すでに整地されたのか。山が渓谷に迫る河川敷にはそれだけの用地がなかったのかもしれない。

台北から日帰りが可能な平渓支線は、いまでは観光ローカル線だ。列車ダイヤ上の始発駅は三貂嶺の二駅手前の瑞芳《ずいほう》で、一日周遊券を六十四圓で発売する。十分駅まで三十分の道程に、人出は予想以上だった。山の中で東京の通勤電車のようなすし詰め状態になるとは思ってもみなかった。

空を見上げると、赤、黄などカラフルなランタン（天燈）が次々に揚がっていく。ランタン内に括り付けた油紙に火を点ける小さな熱気球は、勢いのあるものから心もとないのまで様々だ。百メートル以上も揚がるのだろうか。若者たち、家族連れ、外国人観光客が漢字だけでなく、ハングル、英語で、それぞれの思いを託す。山の中腹には燃え残りが落ちている。農婦が野良仕事のついでのように拾い集めていた。

一時間に上下各一本の電車が通過した後の線路は「歩行者天国」だった。両側には各種ランタンを揃えて広げ方から点火方法まで教えてくれる店のほか、土産物店、小吃店《シァオチー》（軽食店）、屋台などが並ぶ。商店街のわずかな隙間に鉄路があった。小一時間が経過すると、駅員が線路に降りて行き、電車の到着を知らせる。毎日のようにランタンを揚げられる駅は他に平渓駅があった。

この地方のランタンの由来は中国・清朝時代に遡る。農民らは盗賊の度重なる襲撃に備え、家財を持って山中に避難、盗賊らが去ったことを知らせる合図に使ったといわれ、いつしか願い事を書いて空へ放つようになった。ランタンを揚げる習慣は韓国、タイなどアジア各地に伝わる。日本で流行らなかったのは一つに、山火事の危険性が言われたからだろうか。

十分駅から十分瀑布《じゅうふんばくふ》までは三十分はかかる。最短距離の線路上を歩く人が多いと聞いていたが、この日は行儀の良い人ばかりだった。鉄道法により違反者には最高七千五百圓の罰金を科すという立札が効いているのかどうか。

瀑布は高さ二十メートル、幅四十メートルで、横に広がる滝としては台湾最大だ。基隆河の濃碧色の水は瀑布に届くや、怯んだかのような一瞬の停止の後、一気に落下していく。崖面を一転、二転しながら、滝壺に落ちていく。そして再び、色を取り戻して何事もなかったかのように流れていく。

老兵は旗津に「戦争と平和公園」を遺した

一九四五年八月十五日昼前、台北市内にウーン、ウーンというサイレンが鳴った。九十歳を超える知人は「いつもの空襲警報よりすこし長いな」と感じた。正午の玉音放送を告げるサイレンだったと後に知る。植民地台湾は日本の敗戦の日を境に日常生活が劇的に変化したわけではなかった。日々そのままの暮らしは、降伏式が行われた十月二十五日の光復節まで続くことになる。台湾社会に八月十五日をもって植民地支配と決別し、新たな時代に入ったという意識は希薄だ。少しばかり不思議な気がする。

二〇一三年八月十六日付け各紙は、日本の安倍首相が全国戦没者追悼式でアジア諸国への加害責任に触れなかった点を取り上げるだけで、台湾でも戦争が終結したことと結びつけた論調は見なかった。友人の一人はブログに「八月十五日をどう思うか」と発信したが、反響はなかった。

台湾の人たちの思いは日本人のそれとはやはり、違うようだ。周《しゅう》婉窈《わんよう》台湾大教授は『図説台湾の歴史』（平凡社）の中で述べる。

「台湾人のこの時点での感情はいったいどのようなものだったのだろう。興奮？　傷心？　それとも茫然自失？　これはなかなか解答しがたい問題である。たとえ半世紀も過ぎ去ったとはいえ、八月十五日がどのような一日であったのか、あるいはこの日をどのように呼ぶべきか、みんな頭を悩ませる問題なのである」

翌一四年の八月十五日、台北市内で「八一五・終戰日【台灣命運的分叉路口】座談會」が開かれた。この日に合わせた会合は珍しく、百二十人近い人たちが集まった。参加者は当時のことが記憶に残るお年寄りが多いのではという予想に反して、若者らが目立った。

「台湾の運命の分岐点入口」と題された座談会は独立した台湾を志向する団体が主催しただけに、台湾人という立場に立って「八月十五日」を考えようという趣旨が鮮明だった。パネリストの一人、李筱峰《りしょうほう》台北教育大教授は、台湾人が終戦という言葉を使うべきか、台湾の植民地統治は終わったのか、独立した韓国と台湾の違いは何かなどをテーマに話を進めた。作家の范姜《はんきょう》氏にある「台湾人は建国の経験がないが故に、亡国への思いを知らず、韓国の人たちが持つ国が亡ぶことへの恐怖に欠ける」という内容の言葉を引用したときは、会場が一瞬、共感の輪に包まれたような気がした。

日本の旧海軍工廠などで働いていた台湾少年工の同窓組織、台湾高座會の李雪峰《りせっほう》総会長もパネリストとして参加した。

「昭和元年の生まれだ。終戦の日は日本の工場にいた。玉音放送は途切れ途切れしか聞こえず、近くのお年寄りから戦争は終わったと聞かされる。周りの人たちはみんな家に帰れると話し、お前たちも台湾に帰れると言ってくれた。ショックだった。日本人から中国人になってこれから先、どうしたらいいのかと思った」と話してくれた。

「数日後に米軍によって厚木に労働奉仕に出かけた。戦勝国の国民がなぜ労働しなければならないのかという人もいたが、多くの人はまだ少年工なので黙って働いた」

台湾を歩くと、二・二八事件の記念碑はよく見かけるが、八月十五日に関するものは少ないと感じる。台南市の台湾歴史博物館で当時の状況を示すフィルムを見たときは、ようやく探し当てたという思いがした。国民党政府が台湾に移った一九四九年までを五分に編集した映像が流れ、スクリーン左右の壁一面には、引揚げを待つ日本人と大陸から台湾に帰ってきた人たちの巨大な写真があった。

高雄市の「戦争與和平紀念公園」もまた、敗戦前後の状況を伝える数少ない場所かもしれない。台湾海峡に面した旗津地区にある公園内のテーマ館には日本兵、中華民国兵らの写真、軍帽などが展示され、外壁は日本軍、国民党軍、人民解放軍それぞれの軍服を身に着けた一人の若者をモザイクで表現していた。大陸で敗戦を迎え、そのまま共産党軍に編入された台湾人も多かった。

旗津の「戦争與和平紀念公園」テーマ館。外壁の若者は台湾そのものだ

二〇〇四年、老兵がこの地に自費で国共内戦によって命を落とした無名戦士の碑を建てる。十代後半で海軍特別志願兵になり、戦後は国府軍兵士として従軍、その後大陸に旧台湾兵を捜し歩いた許昭栄《きょしょうえい》さんだ。高雄市などが加わって戦争與和平紀念公園計画が進められるが、〇八年三月、高雄市議会が名称を「和平紀念公園」と変更することを決議する。許さんは五月二十日、焼身自殺をもって抗議した。公園は一年後、テーマ館と共に正式

にオープンする。一人の死が「戦争」という文字を遺した。

旗津は高雄港の南に台湾海峡から港を守るかのように細長く延びた砂嘴《さし》だ。旧市街の鼓山地区とは片道十五圓のフェリーが行き来する。波止場から紀念公園まではタクシーで十分はかかった。多くの若者が出征した港近くに建てられ、目の前には海が望める場所は、彼らの霊を弔うには相応しいといえたが、寂しかった。たまたま訪れた時が小雨交じりの天気だっただけに、尚更そう感じたのかもしれない。スタッフは「台湾人、日本人、香港人らが訪れ、週末には五十人から百人になる」と説明してくれた。平日などは何人が見学に来るのだろうか。

紀念公園は高雄市の小冊子「観光ガイド」には載っていない。大々的に紹介する性質の施設ではないものの、「第二次大戦」は遠くにあった。市中心部にある二二八和平公園とは利便性で比較にならず、和平公園前の市立歴史博物館も二・二八事件を詳細に紹介するだけで、戦争末期の空襲については触れていない。

波止場前で寄り道をする。旗津天后宮の廟前街には海鮮料理店が並んでいた。香港と同様に自分で生簀《いけす》の魚、イカ、貝を選んで調理してもらう。台湾のレストランではほとんど見かけなかっただけに、懐かしくなって注文が多過ぎた。廟内の人目につかない一角に、日本時代の古い町内図を見つける。だれが貼ったのだろうか。「大日本職業別明細図　信用案内　臺灣地方　高雄市」は、港、運河、高雄川（愛河）に挟まれて、鉄道線路が通り、市役所、警察署、湊町市場、湯屋、クラブ、官舎、仕出し屋、尋常高等小学校を見取り図のように記載する。料亭、呉服店、ビヤホール、ホテル、高雄神社の写真も添えられていた。忘れ去られたまま現在まで来たのか、剥す人がいなかったのか。廟を訪れる人たちに気付く人はいなかった。

高雄はかつて先住民の「タアカオ」社があり、漢字の「打狗」が充てられた。司馬遼太郎の『台湾紀行』はいう。

「元来、この港は浅かった。清の乾隆二十九（一七六四）年に編まれた『台湾府志』にも、『大商船ノ停泊スルナシ』とある。明治の日本による地質調査にも、風の営みのために海岸に砂丘を生じ、その砂嘴が入海（港）をつくった、と書かれている。この浅い港は、清の同治二（一八六三）年、安平港の付属港として開港された。開港とともに税関や外国人居留地ができたという。当時、人口は七、八百で、なお貧寒たる海村だった」

旧英国領事公邸から眺める高雄港。港の奥懐は旗津半島を区切る水路で海峡とつながった

フェリーから対岸の高台にあるはずの「打狗英領事館」を探す。開港二年後、英国は港入口の小高い丘の下に領事館を設け、頂上に領事公邸を配した。鼓山で船を降りると、旧領事館は目の前だ。領事派遣、あるいは商館を建てた国は英国の他に米、仏、独などがいた。現在も形を留めているのは英国の領事館だけだ。英国は香港、シンガポール、マレーシア・ペナンのように植民地での港の立地条件を見る確かな目を持っていたが、公館など

にも同じようなことが言えるのか、と思った。

公邸内の一室で港の歴史を紹介したパネル展示を見る。浅い海は日本統治時代の一九〇八年に七つの埠頭が完成、さらに二度の築港計画によって貿易港としての体裁を整える。二〇年には打狗港から高雄港へと改名する。四四年に米軍が高雄を空襲した時の航空写真もあった。埠頭はほぼ壊滅、日本軍は米軍の進攻を阻止するため船舶五隻を沈めたと説明する。

世界有数の貿易港として機能する港は眼下に見渡せた。港内を横切るフェリーが旗津に着岸しようとしていた。高台から歓声を上げる中国からの観光客に、平原と山地しか知らない内陸部の人たちは海に憧れるというマカオの友人の話を思い出した。

III

初夏の黒鮪を味わう

高雄の南にある東港魚市場。黒マグロの群れが、市場の人たちを睥睨《へいげい》していた

東港で旬の刺身を一舟注文した

東港《とうこう》は南台湾随一の漁港として知られる。高雄からはバスで南に一時間はかかる。五月下旬、黒マグロ（黒鮪）漁の最盛期を迎えた港の朝は、午前四時半過ぎにはすでに地魚の商いが始まっていた。通りはまだ暗く、ビンロウ（檳榔）の店だけが灯りをつけて客を迎えていた。

「東港區漁會黒鮪魚専賣區《せんばいく》（東港漁協黒マグロ専売所）」は五時を回って一気にヒートする。岸壁に接岸していた漁船の船倉が開かれ、黒マグロがロープで次々に引き上げられる。男衆が一頭ずつ肩に担いで、岸壁に上がる。岸壁では女衆がリヤカーを前に待ち構えていた。一台に五頭から七頭、大物だと四頭で一杯になる。

黒マグロは体長一・五メートル前後だ。丸々として腹が大きく膨らみ、はち切れんばかりだ。寸胴型といってもいいのだが、それを超えて腹回りが体長を圧倒していた。白い腹に比べ背の細かな鱗は黒光りしている。黄色い背鰭《せびれ》、尾鰭はチューブから出てきた絵の具のように一際鮮やかだ。真丸の目玉はいまもまだ精彩を誇っていた。

六時前、笛が鳴るとリヤカーが一斉に場内中央に動き出し、秤が運び込まれる。仲買人が魚たちに飛びついて肉質を調べ、競り落とすと買い手を記した紙を貼っていく。一頭まるごと冷凍されて箱詰めされるのもあれば、その場で解体されるのもいる。刃渡り三十センチほどの楕円形包丁一本の作業は、胴体の裁断から背鰭のカットまで手際がよかった。すぐ脇では電動の包丁研ぎが唸っていた。こ

東港に水揚げされた黒マグロ。おばさんたちの気っ風には黒マグロの勢いも負けた

の日だけで十隻か十五隻の漁船から二百五十頭以上が水揚げされただろうか。

「専賣區」は昼前からは黒マグロ食堂になる。日本人は全員がマグロ好きだと思っているのか、声がかかってくる。一舟で五百圓と言ってきた。高いと返すと即座に三百圓になった。赤身の七切れは、歯応え以上に弾力があり、口の中で躍った。数時間前に見たどれかだという思いが、味に乗り移ってくる感じだ。

あっという間に食べ、もう一舟注文する。今度は十一切れ入っていた。いい加減と思う前に得したという気持ちが勝った。昼のビールの旨さも、このときばかりはマグロに軍配を上げた。三百圓が高いのか安いのかはわからない。食堂を出てから暫く経って、中トロを食べなかったと気付く。忘れるくらいだから、出されたマグロが絶品だったということだろう。

台湾の人たちは昔から黒マグロが大好きだった

漁場は近い。黒マグロはいまにも飛び跳ねそうだった

が、最近は更に好きになったようだ。東港も八割ほど占めていた日本への輸出が一、二割ほどに減ったという。四月に初水揚げされた計五百八十キロの二頭は、台北と地元のレストランが共同で二百八十八万八千八百圓（約千四十万円）の値をつけた。

この季節の黒マグロは台湾東部からフィリピンとの境にあるバシー海峡にかけて回遊してくる。双方の排他的経済水域が重なってトラブルも多く、二〇一三年五月には東港を出港した台湾南部・屏東《へいとう》県の「廣大興二十八號」がフィリピン沿岸警備隊に銃撃されて船長が死亡している。一〇年には漁船の拿捕《だほ》もあった。甲板の清掃をしているフィリピン人を見ながら、彼らの乗った船がいつか同じような事件に遭遇するのではと少し不安にもなった。

東港の西海上には小琉球（琉球嶼《しょう》）という島がある。連絡船で三十分の距離に、足を延ばした。隆起サンゴの島は沖縄の島々を連想させた。夜光貝の産地で、明治の末には沖縄漁民が出入りしていた。かつては沖縄が大琉球、台湾が小琉球と呼ばれた時代があった。面積とは関係なく、大陸王朝との付き合いの深さによって「大小」が区別された。「小琉球」はその名残と聞いた。

老人が大きな籠の縁に釣針を揃え、針から伸びる釣り糸のもつれをゆっくりと解《ほぐ》していた。ダイナミックな東港を見た後では醇朴そのものだった。彼の針にかかるのはどんな魚かと、ヘミングウェイの『老人と海』を思い出す。特大の黒マグロを釣り上げる夢を見ながら手繰っていたのかもしれない。

廃線の苗栗旧山線をSLが走る

いまは廃線となった台湾中西部の苗栗旧山線《びょうりつきゅうやません》をSLが走ると聞いて行ってみた。日本で製造され、一九三六年に植民地台湾に持ち込まれた蒸気機関車「CK124」だ。六月九日の鉄道記念日のイベントとして復活した。苗栗県内の鉄道は、山線と海線の二つのルートを持つ。当初は台湾第三の都市、台中を通る山線だけだった。海防上の問題を懸念して山間部を走らせたともいわれる。しかし、急勾配を上るには機関車の馬力が弱く、輸送貨物の滞貨が続いたことから海岸部の平坦地を走る海線ができた。

SLが走った八日は夏空が広がっていた。野生のバナナ（香蕉）が大きな葉を伸ばした奥でセミが鳴いていた。台北から自強号（特急）と区間車（ローカル列車）を乗り継ぎ、二時間半で苗栗県の三義に着く。苗栗旧山線は九八年の新線開通に伴い営業を終え、三義から台中市・旧泰安までの一三・六キロが観光線路として整備された。

SL列車は「CK124」に四両の客車とディーゼル機関車がつき、往復乗車券は三百九十九圓。満員の親子連れ、学生らを乗せ、片道四十分の旅はどこまでもゆっくりだった。台湾の「鉄っちゃん」たちも少なくないが、ふつうの人たちが圧倒的に多い。特に主婦らがグループで駆けつける姿は、

勝興駅に停車する「CK 124」。SL人気は所を選ばないようだ

日本ではあまり見かけない。

中間の勝興《しょうこう》駅は海抜四〇二・三二六メートルで以前は台湾鉄道の最高地点だった。クスノキから樟脳《しょうのう》をつくる十六の工房があり、「十六份《じゅうろっぷん》」とも言われた。樟脳生産は清朝のころから始められ、周囲の山々にクスノキの樹林を探すのはすでに難しかった。辺り一帯は客家の集落だったところで、駅前は客家料理の店が並ぶ。干した豆腐、戻したイカ、ネギなどを炒めた客家《ハッカ》小炒《シアオチャオ》を注文する。ご飯がついて二百二十圓だった。味は悪くはなかったが、イカの固いのには困った。勝興だけでなく、苗栗県一帯は客家の人たちが多い。大陸からの移住が遅れたため、開けた平野部に入植する余地はなく、山の中に入って行くしかなかった。先住民との抗争もまた、激しかった。

この見方には異論もある。大陸での生活形態がそうさせたのだという。台湾に移住してきた当時はまだ、農作業の可能な土地は残っていた。彼らは山地での農作業はじめ様々な暮らしを習得してきており、強いられて山に逃れたというわけではない、という説だ。

勝興駅から旧泰安《たいあん》駅への最初のトンネル入口には、一九〇六年まで台湾総督府民政局長を務めた後藤新平による「開天」のプレートが残っている。苔たちに圧倒されながらもわずかにそれとわかった。百年以上も前のトンネルを抜けて進むと、橋梁だけの龍騰断橋《りゅうとうだんきょう》が見えた。赤レンガを米糊で貼り合

龍騰断橋。ミロのビーナスに想いがいった。彼女に失礼だったか

せたことから「餅米橋《もちごめばし》」の別名があった。三五年の中部地震で上部が破損する。眩しいほどの緑の中にそそり立つ橋梁は、完成した形が美しさのすべてではないことを誇示するかのようだった。

台湾の鉄道は清朝時代の一八九一年、台北・基隆間に初めて開通した。日本の植民地時代に全島の鉄道網がほぼ完成、戦後もそのまま台湾人の足として機能している。その鉄路を、南アフリカ、米国、韓国、英国、イタリアなど各国の車両が見本市のように走る。南ア製の機関車、韓国の客車、電車は国交を繋ぐための購入だったともいわれる。いまも残る日本式の「左側運行」は、様々なシステムの技術的な切り替えが難しかったものと想像する。一方で地下鉄は「右側運行」になった。道路の右側通行に添ったのだろう。二つの走り方に違和感はないのかと台湾の人に尋ねても、質問の意味がわからないという顔をされた。

　鉄道ファンは一万人を超える。専門誌を発行して内外情報を交換するプロは、台湾の歴史と文化を後世に残す手立ての一つとして、古い機関車、車両、駅舎などの保存にも力を入れている。アマチュアの鉄道好きは台湾の広さにも起因している。台北から高雄までは博多から鹿児島に行く感覚に近く、飛行機よりも鉄道が利用しやすい。車を購入する人が増え、長距離バスも便利になったものの、まだまだ鉄道を選ぶ人は多い。

一九七〇年代の高度成長期は飛行機、自動車がまだ十分に普及していなかった。古い世代の人たちには、台湾の発展とＳＬが結びついている。友人の一人は「暑くて狭くて混雑していたという苦い思い出のある鉄道だが、同時に一所懸命やってきたという気持ちもまた重ね合せている」と話してくれた。

ＳＬ列車に子供のようにはしゃいでいる老夫婦がいた。彼らの旅もまた、古き時代との邂逅だった。

新店渓の碧潭は翡翠色に輝いていた

台北南部を蛇行して淡水河にやがて合流する新店渓《しんてんけい》は、新北《しんぼく》市新店地区で大きく北に曲がる。川の流れは深く淀んで碧潭《へきたん》という淵をつくる。日本の植民地時代は台湾総督府の高官らが台北の中心部から船を仕立てて遡り、遊覧とアユ（香魚）を堪能したという景勝の地だ。いまでは台北駅から地下鉄に乗って二十分で碧潭右岸に着く。

七月上旬の週末、連日三十五度を超す暑さから逃げ出した碧潭は、翡翠《ひすい》色の水面が厳しい夏の日差しを受け止め、輝いていた。都心との標高差はそれほどないだけに気温は変わらないはずだが、川風は気持ちがよかった。阿勃勒《あぼつろく》（黄金雨、Ｇｏｌｄｅｎ　Ｓｈｏｗｅｒ　Ｔｒｅｅ）の黄色い枝垂れ花が少し、揺れていた。インドから大陸南部、台湾に見られるこの落葉樹は二十メートルほどの樹高にな

新店渓の碧潭。水底に吸い込まれないように、昼下がりのビールを飲む

る。種子は藤のように長い豆状に下がってくる。

碧潭には観光用の足こぎボートが何隻も浮かび、カヌーの練習に励む若者らは軽快にオールをかいていた。河岸は太公望らの釣竿が何本も連なる。所々に何かの仕掛けのような竹籠が沈められていた。淵の左岸は巨石が連なり、真上には長さ二百メートルの碧橋（碧潭吊橋）が架かっていた。

碧潭の上流部で、船賃が二十圓の渡し船を見つけた。船頭が櫓を漕いで百メートルほどの川幅を三分で渡る。渡し船を漕ぎだす時間は決まっていない。人が来ると対岸まで運び、いなければたばこに火を点けながら気長に待つ。淵の流れのようにゆったりと時が過ぎていく。観光案内版には、清朝の光緒七年（一八八一）に始まったとあった。

左岸の山手にはかつて、台湾東北部の九份地区を小さくしたような炭鉱があった。両岸を人と物が頻繁に往来し、最盛期には九つの渡し船が行き来していた。一九三六年に碧橋が完成して、渡し船の時代は終わる。修復を重ねた歩行者専用の吊り橋は、観光スポットだけではなく、両岸の人たちの日常にいまも欠かせない橋だ。

夏は午後になると決まって、スコールがくる。

早朝からの青空は昼過ぎ、灰色の空へと変わっていく。雨雲は入道雲の形をとる間もなく空一面を覆い、稲妻が山間に光り、

阿勃勒の花。タイではチャイヤ・プルク（勝利の樹）と呼ばれ、国花だ

雷が賑やかに続いてくる。碧潭も次第に精彩を失っていく。波一つなかった川面に次々に雨粒が刺さり、小さなしぶきはやがて、早瀬かと思わせるほどのうねりになっていく。阿勃勒の黄花は枝から離れ、風に乗ってどこまでも飛んでいった。

河岸の軽食ショップで、輪郭のぼんやりとした対岸を眺めながら、バンコクの雨を思い出していた。東南アジアの人たちは雨を苦にしなかった。晴天と雨天が全く同じ価値を持った暮らしをしていると感じたことがあった。生活スタイルがモダンになった最近、雨は負の世界へと追いやられてしまっただろうか。

驟雨は小一時間で上がる。遠くに雷鳴を残して、碧潭はまた静かな淵に戻っていった。雨の止むのを待って土手を上っていくと、碧潭に添った新店老街にぶつかる。一八世紀後半から一九世紀初めに生まれた商店街だ。福建省・泉州から渡ってきた商人らが先住民に雑貨などを売り捌くようになり、いつしか「新店」と呼ばれるようになった。現在でも台北市の大半の水道水を賄うほど水量豊かな新店渓は、上流まで簡単にたどり着けた。

鄙《ひな》びた通りには近隣で採れたタケノコ（筍）、ヘチマ（糸瓜）、レンコン、山芋、青物野菜が並んでいた。台北の中心部では見かけないヤシ（椰子）の実とサトウキビ（甘蔗）が小型トラックに山積みされ、冷たいジュースが客を呼んでいた。ヤシの実は一個五十圓だった。

幾多の鬼たちが基隆港を彷徨する

農暦（旧暦）の七月は鬼月だ。台湾では祖先らの霊を迎え入れる中元祭が一か月のロングランで繰り広げられる。日本のお盆にあたるが、里帰り客の交通渋滞だけがニュースになるのと違って息が長く、先祖への思いも強い。

鬼月の一日、基隆《キールン》に遊んだ。

基隆（鶏籠）の中元祭は一九世紀の中頃、盂蘭盆《うらぼん》の行事に大陸からの移民たちの争いを鎮める祈りも加わり、年々盛大になっていったという。基隆の十五氏族の宗親会が毎年交代で供養を取り仕切り、二〇一三年は謝氏の番だった。盂蘭盆は苦しむ亡者を救うための仏事で旧暦七月十五日を中心に行われた。

冥界との境の「龕門《がんもん》（鬼門）」を開けて鬼たちを迎え入れる老大公廟は街を見下ろす坂の途中にあった。廟は神塔の下に門があるといわれ、赤い提灯が華やかに全体を覆って壮観だった。提灯は運河の上、商店街の軒先など至る所に飾られ、人々はその下で一か月を暮らす。

鬼月十五日は冥界への門が大きく開かれると言われる。人々は「五牲（豚、鶏、鴨、魚、卵など）」を店先、自宅玄関前に用意、供物ごとに線香を一本立てて霊魂たち（好兄弟）に祈り（拝拝）を捧げた後、冥界で使う紙銭を燃やす。好兄弟には先祖だけでなく、身寄りのない無縁仏の霊魂も含まれる。この日は鬼に遭遇しないために外出を避けるという慣わしもあると聞いた。

拝拝の習慣は日常生活に当たり前のように受け入れられており、農暦の毎月二日、十六日にはどの街でも、ビルの前、店先に供物が並べられ、店員らが紙銭を燃やす姿を見かける。商売繁盛につながるといわれるが、台湾の人たちの信心の深さを示し、彼岸との距離が近いということでもあるのだろう。

老大公廟の坂道を下っていくと、廟口夜市の通りに出る。二百もの小吃店《シァオチーディエン》と屋台は昼間から盛り上がり、真っ直ぐ歩くのもままならない。これでは鬼たちも圧倒されて大変だなと思ってしまう。基隆名物の象魚湯《シャンユィタン》は、象魚が水揚げされた日だけの時価だった。百九十圓は、猪脚飯《ジュウジャオファン》（豚足入りご飯）、日本風カレーライスの五十圓と比べて高値だが、淡泊な白身に深みのあるスープがミックスして堪能した。足が早いため、台北までは持って行けないという。

基隆港は廟口夜市からすぐだ。港を前に振り返ると三方から山が迫る。東南部の山地に水源を持つ基隆河も基隆には流れ込めず、山裾を迂回しながら淡水河に合流する。唯一北西に開けた湾口から長さ二千メートル、幅四百メートルの水道が途中で湾曲しながら入り込んでくる。冬になると東北からの季節風が吹きつけて雨の多いことから「雨港」の別名を持つ港はこの日、晴れ上がっていた。その青空よりもさらに深い藍色に沈む港を、幾多の鬼たちが彷徨している。

東の高台にはアヘン戦争時に二沙湾砲台が築かれ、守備についていた清朝軍が英軍を撃退する。しかし、直後の仏軍の攻撃によって破壊され、再建された城門に「海門天険《かいもんてんけん》（二沙湾砲台）」の字を残す。大気は湿気を帯び、石畳は丸い四隅が苔に取り囲まれ、つるつると滑りやすかった。米国のペリー艦隊は徳川幕府との日米和親条約締結直後に十日ほど停泊している。失踪水兵の探索と炭鉱探しが目的だったといわれる。下田で日米修好通商条約を結んだハリス初代駐日総領事もマカオ滞在中に行った

老大公廟。彼岸と此岸との境は曖昧模糊として、判然としなかった

台湾調査の経験を踏まえ、台湾の東半分の買収を政府に具申している。台湾東部はハワイのように、あるいはアラスカと同じように米国領になっていたかもしれない。

日本統治後は港の西側に埠頭が築かれ、基隆駅に接続する。敗戦直後、台湾在住の四十万人ともいわれる日本人の多くは、すべてを捨ててこの港を後にした。映画「KANO」の冒頭は接岸した船と波止場まで伸びてきた線路、汽車に乗って戦地に赴く兵士たちから始まる。「海角七號」にも引揚船上の教師と岸壁の恋人を描いたシーンがあった。

台湾と日本が絡み合ってきた港の歴史は、非合法時代の日本共産党幹部、渡辺政之輔の死をもまた、記録に留める。渡辺は一九二二年（大正一一）の日本共産党結成と同時に入党、党幹部として労働争議を指導、ソ連にも派遣される。二八年（昭和三）十月、上海からの帰路、この港で官憲に誰何される。水上派出所前の岸壁に上陸させられた直後、所持し

基隆港西側埠頭。日本植民地時代の象徴は何かと聞かれれば、１つはこの港か

ていた銃で警官を殺害、逃走後間もなく自殺した。警官と交戦して射殺されたという説もある。水上派出所は埠頭のどのあたりだったのか。いまは立ち入り禁止になっていて、遠くから眺めるだけだった。

問い質した巡査は那覇市久米町出身の与世山有文刑事だった。又吉盛清《またよしせいきょ》氏は『日本植民地下の台湾と沖縄』（沖縄あき書房）に書く。

「与世山が相まみえた相手の渡辺は、沖縄の貧しさを一つの思想的な核として、社会運動に身を投じていった沖縄人の徳田《とくだ》球一《きゅういち》（日本共産党の指導者、一八九四―一九五三）、仲宗根源和《なかそねげんわ》（日本共産党幹部、一八九五―一九七八）、饒平名《よへな》（永丘）智太郎《ちたろう》（日本共産党中央委員、一八九一―一九六〇）らの同志であり、沖縄のよき理解者であった。渡辺は、与世山が相まみえた相手としては、余りにも不遇なことであった。与世山も、沖縄の貧しさの中で自らが選び取ろうとしていた〝水産の道〟を捨てて、心ならずも渡台し、巡査にならざるをえなかった苦しい体験を持った沖縄人であった。それ故に社会運動に身を投じた徳田や仲宗根らとも心根のところで、共通する一つの心情を持っていたはずである。与世山の生き方には、大きな時代の流れの中で、あらぬ方向に翻弄されていった沖縄人の悲しみの縮図を見る思いがしてならないのである」

沖縄からは多くの人たちが台湾に渡った。巡査、教員、娼婦をはじめ、道路、港湾、鉄道などに従事する労働者らがいた。先島諸島からは那覇に行くより基隆との間を行き来して「都会」の台北に出向いたといわれる。

港の入口にある社寮島には戦前、琉球ウミンチュ（海人）が五百人以上暮らし、台湾人に漁法、造船、漁具修理などの技術を教えた。島は現在和平島と改名され、和平島海角楽園内に二〇一三年、琉球漁民慰霊碑が建立される。海角楽園は波によって浸食された奇岩が繋《つ》らなり、千畳敷と呼ばれる海蝕台地も広がっていた。山裾には国民党軍が共産党軍の攻撃に備えたトーチカ、防塁の跡があった。スペインの要塞だったサン・サルバドル城は古跡として姿を留めず、中央部の小山にあった堡塁跡への道も見つからなかった。スペイン人、オランダ人、琉球人、先住民の遺骨を祀る小さな萬善公廟《まんぜんこうびょう》に足を止める人はいなかった。

台東に先住民の石板烤肉と豊年祭を見る

台東は道が広いのか、人が少ないのか、車が少ないのか、街全体のテンポが緩やかでのんびりとしている。通りの行き着く先には空だけが待っていた。真夏の三〇度を超す暑さにもかかわらず、爽やかな風が吹き抜けていく。歩いていても、店で買い物をしていても、ふいっと横を向くと先住民に出会う。

通りを行ったり来たり、あるいは路地を出たり入ったりしていると、辻々にあるはずの小さな廟を見かけないことに気付く。線香と漢方薬の匂いに代わって南国フルーツの濃厚な香りが漂ってくる。何気ない街角には先住民の伝統技法を範として制作された電燈笠の案内があった。中に入ると斬新な意匠の笠が灯りを柔らかく受け止めていた。作者はカマラン（葛瑪蘭）族に伝わるバナナから繊維をつくる手法を学んだという。

大きなクスノキ（樟樹）には、仏画風の絵を描いた布が巻かれていたりする。東南アジアの田舎で時々見た記憶がある。漢字の看板をいま少し減らせば、タイなどの地方都市の雰囲気と似ていなくもなかった。ただ、人の密度が圧倒的に違った。アジアの多くの街はともすると人と人の隙間に家屋が建っているような感覚になる。

台東にも夜市はある。昼間の果物街は日が暮れてくると車の通行を遮断して屋台の組み立てが始まる。果物屋もそのまま営業するから脂ぎった空気が中和され、臭豆腐も優しい臭いに変わっていた。通りの中ほどに七十二歳になる先住民が「原住民《げんじゅうみん》石板《せきばん》烤肉《カオロウ》」の店を出していた。父親がピュマ（卑南）族、母親がアミ（阿美）族だと話してくれた。

黒い石板の上で焼いた豚肉を小さく切り、一緒に炒めたタマネギを混ぜ、胡椒をかけるだけのシンプルな味付けだ。石板は高熱で真ん中から割れていた。一パック百圓。屋台の椅子に腰かけながら、時々、思い出したように肉をひっくり返す。中国人にはなかなか見られない表情を眺めていると、肉もまた素朴を超えて極上の味わいを帯びてくる。辺りの雑踏が消え、森閑とした山の中で頬張っているような気分にさせてくれる。

石板は縦六十センチ、横八十センチ、厚さ三センチの黒石だった。台東より更に南に行った屏東《へいとう》県

台東旅行では３泊した。毎晩、買いに出かけた

の山中を四時間以上も歩いた所で採れる石で、名前は知らないと言った。パイワン（排湾）族の知人から、厚さが六センチほどの石板を一枚千七百圓で五枚買ったという。

顔見知りの先住民が時折、声をかけてくる。決まって濁酒も買う。粟でつくった濁酒はワインボトルほどの瓶に入って二百圓だった。白く濁って少し酸味が強かったが、アルコールはそれほどには感じなかった。たくさん飲むと効いてくるのだろうか。

台東市の先住民は人口十一万人の二割、二万千人を占める。元々は先住民の住む土地に、清朝時代から大陸の入植者が暮らし始めたが、本格的な発展は日本の植民地になってからだ。戦後も中国からの移住者は多くはなかった。いくつもの要因が中国あるいは中華の匂いを薄くさせていた。わずかに中心部から外れた所にある天后宮と、台東旧駅の裏手、鯉魚山《りぎょさん》の忠烈祠《ちゅうれつし》だけが例外のようにさえ思えた。

台東の郊外に出ると、中央山脈が西に連なり、北東には東部海岸沿いに走る海岸山脈が迫っていた。二つの山々の間を手入れの行き届いた田んぼがどこまでも続いていた。稲株だけが残る田、田起こし後に水の張られた田、この年二回目の田植えの終わった田が、それぞれに異なる景観をつくり出していた。

台湾東南部の先住民たちの豊年祭は、毎年七月から八月にかけて、各地で行われる。台東の市街地からバスで二十分ほど南の台東県卑南郷《ひなんきょう》東興村文化広場に、ルカイ（魯凱）族タロマク（達魯瑪克）部落のアワ（小米）収穫祭を見に行った。小米はルカイ語で「ブチャン」といった。

知本温泉に通じる省道（国道）九号を走るバスを利嘉渓《りかけい》脇で降り、川に沿って上流に十五分歩くと、文化広場に着く。広場といっても河川敷を利用した広っぱだ。緑濃い木々に覆われた山が目の前に迫り、上空をアマツバメが群舞していた。午前八時半からの祭りを前に、集落の幹部、青年団員、少年たちがそれぞれの役割に従って動いていた。各地区の吹き抜けが広場を囲み、中央は四本の長竹が地面に方形に刺さり、天空で結わえてある。先端には猟銃と白百合が括り付けられていた。

祭は男衆が集落に「頭目」を迎えに行くところから始まる。やがて、クマタカの羽と白百合の被りをつけた頭目夫妻が二つの神輿《みこし》に乗って広場に入ってくる。頭目は集落の主だった人たちを従え、地区ごとに松明の火をつけていき、長竹の根元で豊穣を祈る儀式を行う。九人の男たちが猟銃を空に放つ。黒地に繍花《しゅうか》の上衣を着た少年たち、深紅の繍衣に着飾った娘たちの踊りが続いていく。

ルカイ族は貴族と平民という階級社会を保つ山の民だ。台湾南部の中央山脈を一万三千人の人たちが定住地としている。広場には布地に「タロマク人に二万ヘクタール以上の土地の自然資源の権利と自治権を」「経済と観光の基礎をつくり山村文化の継承を」などと書かれた檄文が貼ってあった。

日本の植民地時代、先住民が暮らす土地の多くは官有地として取り上げられた。戦後は国民党政府が収用、先住民の元には戻らなかった。彼らにとって自分たちの土地をどのような形で取り戻していくかがこれからの大きな問題だ。最近は政府が土地開発を民間業者に委託する手法が増えており、新たに環境破壊の恐れも出てきている。

御輿に乗った頭目。穏やかな表情の中に、１つの社会を取り仕切る威厳をみる

台東から海沿いに北へ十五キロも行くと美麗湾《びれいわん》という小さな湾が見えてくる。磯の多い海岸線の中では数少ない砂浜が広がる。この湾にリゾート施設を計画した民間業者が台東県の認可を受けて建設を進めていたが、かつて湾の周りで暮らしていたアミ族の住民らが環境影響調査が不十分だとして工事差し止め訴訟を起こす。二〇一三年七月、高雄高等行政法院の停止命令によって、当面の危機は免れた。南欧風のオレンジ屋根の「美麗湾渡假村」には、進入禁止の貼紙があるだけで人気はなかった。ヤシ（椰子）の枯れ木が目立つ。杉原海水浴場になっている砂浜では市民らが波と戯れていた。

豊年祭は年々、自治体などの補助を受けて大規模になり、華やかになっていく。一四年には初めて上海の観光業者が遊覧コースに豊年祭を組み込んだ。こうした傾向が新たな問題を投げかけ、祭りは先祖との対話のときでありショーではない、という反発が次第に強くなっている。先住民すべてに豊年祭が

豊年祭の遠景。天と地と先住民と。それだけだった

あるわけではない。パイワン族などは稲作をほとんどしていないため、ここ何年も行っていないという。「若い人はどんどん街に出てそこの生活に馴染んでいく。止めることはできない」という声を老人から聞いた。

台東から南東九十キロの海上に、四千五百人のタオ（達悟）族がトビウオとタロイモを主食とする昔ながらの生活を続ける蘭嶼島《らんしょとう》がある。台湾電力の放射性廃棄物貯蔵施設のある島でも知られる。台湾で唯一コンビニのなかった島に最近、セブンイレブンが出店した。「コンビニ文化」は島の暮らしを変えていくのだろうか。

玉井のマンゴーはアメリカ生まれだ

台南からバスで中央山脈に向かって一時間近く走ると、勾配がきつくなった道路の両側にマンゴー（芒果）畑が広がってくる。二〇一四年の夏、背丈二メートルほどの木々の枝は小さな袋をいくつもつけていた。峠道は下り切って玉井に行きあたる。案内版には決まって「芒果的故郷」という文字があった。米国原産のアップルマンゴー（愛文芒果）はこの地で改良され、マンゴー栽培面積千八百ヘクタールのうち、四五パーセントを占める。

大通りから少し入った青果市場は、アップルマンゴーが四十個から五十個入った籠が剥き出しのコンクリート上に並んでいた。一個の重さは四百から六百グラム。一台湾斤（六百グラム）に三十、三十五圓の値がつき、一籠が千圓から千五百圓前後で取引される。赤いマンゴーに交じって、タイのマンゴーと同じ仲間で一回り大きい黄色の金煌芒果《キンコウマンゴー》、萬清香芒果《マンセイコウマンゴー》と呼ばれるブルーマンゴーなども彩りを添えていた。

近在のマンゴー栽培農家は一万人を超え、荷台を二段重ねに改造した小型トラックなどに籠を満載して集まってくる。自慢のマンゴーを並べ終えると、仲買業者らとの値段の交渉が始まる。観光客相手に小売りしてくれる業者もいた。

市場内にはマンゴーの果肉が一杯の愛文郷芒果冰（かき氷）の店もある。マンゴーアイスもついて大皿百二十圓、小皿七十圓だ。インドネシア・ジャワ島から一五世紀中頃に持ち込まれたという土芒果の熟していない青い実も入って、濃厚な甘さの中に酸味が加わる。青い実の別名は情人果。甘酸っぱい「恋人」の味だ。台北のかき氷店も人気だが、生産地で食べる味はまた格別だった。

小皿を注文したがとても一人では食べきれず、店主の葉基萬さん（五九歳）には申し訳なかった。葉さんは、開花時期の十月から翌年旧正月にかけての気温が一八―二五度と安定しているうえ、土壌が砂岩質で水捌けがいいことなど、玉井マンゴーの素晴らしさを説明してくれた。「マンゴーの季節は五月から九月。それ以外でもバナナ、スイカ、パイナップル、グアバなどが出回る。市場は一年中開いている」とそのほかの果物のことも忘れなかった。

戦前の玉井は製糖工場とサトウキビ畑が主役を務めた。目抜き通りを少し下ったところに「臺灣糖業公司玉井糖廠」の看板を見つける。すでに生産は中止され、台南北部の善化への製糖専用鉄道も一九七五年に廃止された。ロータリー中央の蒋介石像は「永懐領袖《りょうしゅう》（永遠に指導者を懐かしむ）」と台座に彫られていた。台北ではほとんど見かけなかっただけに珍しく、改めて見直してみる。

虎頭山にある余清芳紀念碑。「抗日烈士」と果物の里との落差は大きかった

玉井はかつて先住民ツォウ（鄒）族の「噍吧哖（タバニー）社」の地だった。日本統治時代に「玉井」に変わり、今ではすっかり「マンゴーの里」が定着したが、街の歴史が果物だけではないことを訪れた後に知り、一年後に再訪する。

一九一五年（大正四）、漢人による最後の大規模抗日運動として知られる「噍吧哖事件」（余清芳事件、西来庵《せいらいあん》事件）が起きる。台南の宗教指導者、余清芳らの企ては事前に発覚、余らは玉井の虎頭山での激しい戦いに敗れ、逮捕、処刑される。清朝官吏、科挙試験に合格した知識人、地主、黒社会のボスら土着勢力による蜂起は、台湾が日本の植民地になった直後から各地で相次ぎ、日本人教師が殺された芝山巌の事件もその一つだ。台湾総督府は強圧政策で臨んだが収まらず、噍吧哖事件まで二十年続くことになる。

街の入口にある噍吧哖公園には事件のあらましを伝える碑と巨大なマンゴーのモニュメントがあっ

た。海抜二百三十九メートルの虎頭山は、市街地から山道をマンゴー畑を縫うように車で十分ほどだ。頂上の「抗日烈士余清芳紀念碑」が立つ広場に人の姿はなく、物音は聞こえない。一軒の茶店もまた、静まり返っていた。インドアーモンドという英名を持つ欖仁樹《らんじんじゅ》の大葉がカサッと落ちる。玉井の盆地が見渡せる。やがては台南の海に注ぐ曾文渓《そぶんけい》はまだ、優しい流れだった。

玉井の果物市場。彼女の頬っぺたはマンゴーのように赤かった

事件から百年が経っていた。川が赤く染まったという古老の話はいまに残り、朱立群《しゅりつぐん》氏は玉井農協黄澄清《おうとうせい》総幹事の「現在のアップルマンゴー農家の多くは、西来庵《せいらいあん》事件の生き残りの末裔《まつえい》なのです」という言葉を引き出す（『台灣光華』一四年七月号）。

五月の青果市場にマンゴーはまだ少なかった。竹のざるに入ったパパイヤ（木瓜）は四個で百圓、パイナップルは三個百八十圓、サツマイモ（土瓜）は山盛りで百圓の値札がついていた。バナナ、ドリアンも揃い、マンゴーの出番には少しばかり早かったようだ。

台湾の南部は果実畑が多い。台東の郊外を歩いている時も、整然と並んだパイナップル畑をあちらこちらで見かけた。パイナップルはポルガル人がマカオに持ち込み、中国の広東、福建などを経て台湾にもたらされたと聞く。ポルトガルの遺産は「フォルモサ」の言葉だけではなかったようだ。台湾で発達した栽培技術は、やがて沖縄に伝わる。先島諸島のパイナップル産業は、戦前から移り住んだ台湾の人たちによって基礎ができた。学生時代、米軍統治下の石垣島のパイナップル畑で農家の人が地面すれすれに育った実をその場で切ってくれた。芳醇な味はいまでも忘れられない。

バナナは畑よりも道端、裏庭などに生えている方が野趣に富んでおもしろい。大きく幅のある葉が風になびいたりたわんだりする。あるいは伸びたまま途中で折れたりして、奔放だ。これも明清時代に大陸から移植されたといわれ、フルーツ王国の主役たちはいずれもその「出自」は海外だ。

マンゴスチンは見かけない。気候風土に合わないという説がある。人気がないのか輸入品にも出会わない。上品な風味は、それぞれが強烈な味を主張する中にあって影が薄くなってしまうのだろうか。ないものねだりかもしれないが、果物の王様といわれるドリアンがあって、「女王」がいないのはやはり、画竜点睛を欠くのではないか。

Ⅳ

祖国への光復は変質した

中正紀念堂大門は蒋介石座右の「大中至正」から「自由広場」に。広場では様々な催しがある

降伏式典から新たな「占領」が始まった

十月二十五日は台湾の光復節だ。一九四五年、第二次大戦で敗れた日本軍は連合国を代表する中華民国軍に対してこの日、台北市公会堂（現中山堂）で行われた「台湾地区受降典礼」に臨み、国民党政権は台湾を接収、その管理下に置いた。その時の写真を見ると、檀上には英、中、米、ソの四か国の国旗が掛かっていた。中華民国・国民党政府は同時に、台湾は再び中国の領土になったとする声明を発する。その後、大陸の国共内戦は共産党軍の勝利に終わり、蒋介石は台湾に逃れて中華民国を存続させることになる。

アジア各国の独立、建国の記念日にはそれぞれの歴史と有り様が反映される。八月十五日は韓国が日本の植民地支配から解放された光復節とし、インドは英国から独立・建国した日だ。インドネシアはオランダの統治復活を防ぐため、敗戦二日後の十七日に独立を宣言する。ベトナムは日本が降伏文書に調印した九月二日を独立記念日としている。

台湾の歴史に「独立」の瞬間はない。日清戦争直後、台湾独立を目指した台湾人による台湾民主国が成立したものの、日本軍の進駐で頓挫した。第二次大戦直後も一部の知識人らが独立の動きを見せたが、台湾総督府に抑え込まれた。武装闘争を含む独立運動が芽生えなかった台湾では、その道筋をつけることは難しかった。台湾独自の国家を持たなかった故に、強烈な国家意識というものが欠如していたことも理由の一つだろうか。李筱峰《りしょうほう》台北教育大教授の指摘を思い起こす。

松田ヒロ子神戸学院大准教授は歴史認識の形成という点からみた台湾の特徴について「この問題を考えるうえで重要なのは、日本が第二次世界大戦で敗れ、台湾が解放された時点で『台湾国』ができなかったということだろう。かわって台湾が中華民国の一部となる『光復』が行われた。多くの被植民地では、独立戦争時や独立後にその国の正統性をつくりあげていく際に旧宗主国に対する否定的言説が多く生まれるが、台湾ではそのような動きがなかった。（後略）」とみる（朝日新聞一四年七月二十八日付け夕刊、歴史認識の根っこ）。

旧台北市公会堂。コンサートで入ったことがある。変遷の歴史はうかがい知れなかった

二〇一四年のこの日は、中山堂正面に向かい合う「抗日戰爭勝利曁《き》臺灣《たいわん》光復《こうふく》紀念碑」前で、中国との統一を求める人たちの集いがあった。前年の二十六日には中山堂前広場で降伏式は連合国が相手であり中華民国ではないと主張する人たちの模擬式典があり、元新聞記者の駱文森《らくぶんしん》氏（八二歳）が一九四五年九月二日に米戦艦ミズリー号で調印された降伏文書を読み上げた。駱氏は「台湾の人からみれば光栄な復帰ではない。祖国に戻ったわけではなく、中華民国政府が台湾を占領しただけだ」と話した。

光復節は蒋介石時代には子供たちが旗を振って祝い、いまでも毎年一つか二つの集会が開かれるが、台湾社会では次第に影が薄くなりつつある。人々が台湾人を強く意識するようになってきたからかもしれない。二〇〇一年からの公務員の週休二日制導入に伴い、休日でもなくなった。一方で、大陸との結びつきを強調する人たちは再休日化を訴え、馬英九政権には中国・習近平国家主席による九月三日の「抗日戦争勝利紀念日」制定に同調する動きもある。

中山堂の辺りは清朝時代に築かれた台北城の中心に位置し、地方行政府の布政使司衙門《ふせいししえもん》などがあった。「台湾民主国独立宣言」はこの場で布告され、初代台湾総督による台湾統治の始政式もまた同じ会場が使われた。一九三六年に完成した現在の建物は毎年の始政記念日式場になった他、戦前戦後を通じて各種会議、音楽会、演劇などの会場として生き続ける。

台湾の主体性の確立を目指す人たちにとっては、日本が主権を回復するサンフランシスコ講和条約に署名した五一年九月八日こそが光復節より遥かに重要であり、「台湾独立」をアピールする「特別の日」だった。

署名六十二周年にあたる二〇一三年、台北市の凱達格蘭《ケタガラン》大道（総統府前大通り）に集まった五百人は「台灣独立建国」「自決建国（自国民によって建国を決める）」といった幟を二十本以上も立て、新しい国家を打ち立てるべきだと訴えた。「台湾は独立できる」とする根拠は、同条約で日本は台湾の領有権を放棄するが、帰属についての法的地位は未定のまま残ったからだ。いまの台湾で「独立」の主張は、ささやかな市民運動といってもいい。野党の民進党も運動には参加しない。幟を振る人たちの願いは見果てぬ夢で終わるのだろうか。

日本はこの日、二〇年の東京オリンピック開催決定に沸いていた。多くの人たちは戦後史に仕舞い込まれてしまったような平和条約をほとんど記憶していない。

「台湾独立」を訴える人たち。旗色鮮明にした幟は青空に颯爽としていた

佐伯《さえき》啓思《けいし》氏は、朝日新聞一五年四月三日付けの「異論のススメ」で「（前略）今年は本当に『戦後七十年』なのだろうか。（中略）四月二十八日はといえば、サンフランシスコ講和条約が発効した日付である。この条約の第一条には、日本と連合国との戦争状態は、この条約の発効とともに終了する、とある。この講和条約は主として西洋諸国との間であって、中国やソ連を含むものではなかったが、いずれにせよ日本は、国際法的な意味では、一九五二年の四月二十八日に公式に戦争を終結したのである。これは案外と重要なことである。正式かつ公式的には日本の『戦後』は五二年から始まったことになる。『本当』は今年で戦後六十三年である。それを、われわれは、『戦後』は四五年八月十五日から始まる、として疑わない。奇妙なことである。では、四五年から五二年の間は何だったのか。いうまでもなく連合国の占領下に置かれていた。（後略）」と述べる。

条約を当事国の日本と日本人が忘れてしまった理由の一端かもしれない。九月は新学期の始まる月でもある。この年は高校の歴史教科書が日本の植民地支配を「日治」とするか「日拠（據）」とするかで、論議を呼んだ。

「日治」は日本が植民地として統治していたという表現であり、「日拠」は日清戦争後の下関条約で日本が不法に強奪、軍事占拠したという意味合いを色濃くする。国民党独裁政権時代は「日拠」という表記に決まっていた。李登輝《りとうき》総統以後「日治」が大勢を占めるようになり、同時に中国史と台湾史を別個のものとして教えるようになった。

こうした教育指導方針の転換は、李登輝氏が台湾人として初めて総統に選出されたことと無縁ではない。

李氏は一九二三年（大正一二）、淡水近くの旧台北州淡水郡で客家の家に生まれた。台北高等学校時代、皇民化運動によって「岩里政男」という日本名に改名、京都帝国大学農学部に入学する。学徒出陣により出征、四五年八月十五日を高射砲部隊の見習士官として名古屋で迎えた。日本の敗戦後、台湾大学に編入学、さらに米国のアイオワ州立大学、コーネル大学に留学する。帰国後は農業専門家として蔣経国総統の知遇を得、四十九歳で農業担当の行政院（内閣）政務委員に抜擢される。台北市長、台湾省政府主席などの要職を歴任、八四年には副総統に選出された。八八年に蔣総統が死去すると、残り二年の任期を代行する形で台湾人として初の総統職に就任した。以後、二〇〇〇年まで総統として民主化路線を推進していくことになる。

今回は国民党の馬英九《まえいきゅう》総統の元で、ある出版社が再び「日拠」という表現を使ったことから起きた。この教科書が不合格になったところ、同党支持者らからの批判が相次ぎ、教育部は最終的に双方の表記を認める。国民党政府はこの機会に公文書の「日拠」表記統一まで踏み込んだ。

「日治」を採る人たちは、台湾独自の史観に立つ台湾史の中で日本統治を客観的な事実として捉えるべきだと主張する。「台灣北社」という知識人グループの代表を務めた周福南氏は「条約は清朝と日本政府との国際法に則った正式な条約だ。これを日拠と言うならば、大陸中原の漢人が蒙古に征服されたことを元拠、あるいは清朝支配を清拠と呼ぶのか」と批判する。

論争の背景には、日本時代の遺産への評価、例えば小学校から大学までの整った教育機関をどう考えるかなどについての共通認識が不十分なこともあるのだろう。

台北の小学校は入学式を終えたばかりの新一年生を迎え、再び活気が戻ってくる。上級生を先頭にした集団登下校、交差点での大人たちの交通整理は日本と同じだ。学校の周りには必ず保護者らの待機場所である「家長接送区」が設置され、バイクと車で送り迎えする親たちの多いところは、違っていた。戒厳令が解除された一九八七年以後、社会に自由な空気が広がったが、同時に犯罪も多発させ、誘拐事件は少なくなかった。学校の送り迎えは親たちの自衛策の一つになったとも聞いた。

中学以上になると、さすがに学校周辺から親の姿は消え、代わって有名校に行かせたいという思いに変わっていく。台北駅周辺は学習塾、予備校が集まり、ビル一つに様々な学科を集中させたところもある。それぞれが台湾大学、台湾師範大学などの合格者数を誇示する看板を張り出し、いまから生徒確保に懸命だった。

彼らの制服の胸には名前か学籍番号が刺繍されている。犯罪を誘発させる可能性もあるが、非行防止には役立つなとも思ってもみる。女子高生の人気制服を特集する本も出版されるぐらいだから、自由と規律の兼ね合いは、などと目くじらを立てる話ではないのだろう。

台北駅の南西部は清朝時代からの城壁で囲まれた「城内」だった。城壁はほどなく撤去されたが、戦前は台湾総督府（現在の総統府）、台北市公会堂があり、一角は栄町と呼ばれた繁華街だった。鉄筋コンクリート七階建ての「菊元デパート」にはエレベーターがあり、五階の食堂で洋風メニューを選び、最上階からは街を一望することができた。日本の敗戦後、大陸から来た国民党軍幹部、政府役人らが主のいなくなった建物に入り込み、そのまま商売を始めた人も多い。海峡を渡って持ち込まれた旨い牛肉麵《ニォウロウミエン》を食べられるのもこの付近だ。台北駅を挟んで南の日本人街と北に広がる大稲埕などの台湾人街は、外省人（戦後の大陸出身者）街と台湾人街という構図に変わった。

さらに西にいくと、日本時代の町名である「西門町《せいもんちょう》」をそのまま使った地下鉄西門駅にぶつかる。城壁の外に広がる湿地帯を整備した町は住人の八割が日本人だった。戦後は成都路《せいとろ》、峨眉街《がびがい》などに町名変更されたが、いまでも旧名の方が通りがいい。界隈は流行を追う若者たちで溢れ、カジュアル雑貨、ファーストフード、中高生相手のファッション・アクセサリー店、映画館にストリートパフォーマンスも加わって、すっかり様変わりした。

町の一角に際立つ西門紅楼も、週末に開かれる各種の催しに駆けつけるのは圧倒的に若い世代だ。紅楼は一九〇八年、台湾初の公設市場として建てられ、米穀店、肉屋、八百屋、魚屋から豆腐、乾物、漬物、果物、菓子、小間物、雑貨、荒物に加えて寿司屋、生花店と、日常生活に必要なものはほとんどすべて揃っていた。台湾人経営の店もあり、「日本人は値切らないから儲かって儲かって…」といった話には、思わず頷いてしまった。

二月二十八日は悲しみの休日だ

台湾の三月は、必ずしも麗らかな春の日々ではない。二・二八事件の悲しい辛い思いが、心の奥底にいまでも澱《おり》となって沈んでいる人たちにとっては、重い、忘れがたい月だ。

一九四七年二月二十七日夕、台北市の旧市街でヤミの煙草を売っていた女性が大陸出身の取締官吏らに正規の煙草を含む全てと現金を没収された上に殴打され、群衆の一人が射殺された。

事件は偶発的な小競り合いではすまされない背景を持っていた。光復後、国民党政権は厳しい経済統制を敷き、専売品とした煙草、酒などのほか、塩、砂糖なども専売局が一括して管理した。台湾社会は極端な品不足に見舞われ、インフレが進行した。戦前は島内に有り余っていたコメも大陸への安値での移出、不法流出が相次ぎ、四五年夏の一斤（約六百グラム）二十銭という価格が、数か月で六十倍にも跳ね上がり、上海と比べても二倍以上になるという時もあった。さらに「日本人」だった台湾人を意図的に排除する政策は台湾人失業者の増加を招く。国民党軍兵士の狼藉、政府役人の腐敗と利権に群がる商人らの賄賂《わいろ》は日常茶飯となり、台湾人だけが生活苦に追われるという状況を生み出していた。人々は取締官吏らが逃げ込んだ警察署を取り囲み、不平、不満を一挙に爆発させた。

翌二十八日から国民党・軍への大々的な抗議行動が展開される。市民らは台北市中心部のラジオ放送局を占拠、全島民に事件の経緯を伝えると共に決起を呼びかけた。放送局は台北駅南の二二八和平

迪化街の追悼集会。古い町並みは事件のあった時代を思い起こさせる

公園内に二二八紀念館として残る。当時の放送台も園内に現存している。

台湾人の台湾はしかし、一週間だった。

国民党政府の陳儀《ちんぎ》・台湾省行政長官は事件直後、台湾人代表らと事件処理委員会を結成するが、双方の話し合いは政府側の「時間稼ぎ」に過ぎなかった。三月八日、大陸からの増援部隊が基隆と高雄に上陸すると、台北など各主要都市につくられた処理委員会メンバーを中心に粛清に転じる。陳儀長官はさらに治安維持と謀反人《むほんにん》取締りを名目に、連座制と密告奨励政策を打ち出し、台湾人弁護士、教師、医師、学生らの虐殺を繰り広げた。

李登輝総統は九二年、二・二八事件紀念音楽会に臨み、四十年以上公にされることのなかった負の遺産を「事実」として認める。「事件は様々な代価を払った時代の悲劇だった。歴史的な運命だが、反省し、さらに真相を究明していかなければならない。紀念碑を建て、これまでの怨みを消して未来への出発点としたい」と挨拶、出席した約四十人の遺族ら一人ひとりの手を握り、公式の場で初めて弔意を表した。当局側に事件の責任があるとした政府の研究報告書は、死亡者は推定で一万八千人から二万八千人の間という付録文書を併せて載せた。全容はいまも明らかではない。犠牲者の親族らも少なくなりつつある。

台北で清朝時代の名残を探すのはなかなか難しい。かつての城壁の中で唯一現存する北門は台北駅の西側にあり、エンジ色の壁が美しかった。北に延びる延平北路《えんぺいほくろ》は騎楼《きろう》が続く。駅周辺の賑わいが次第に遠のいていき、漢方薬を煎じたような匂いが辺り一帯に漂ってくる。茶器、水晶の数珠を売る店、ビーズ屋、刺繍などの手芸店が軒を連ねる。日本刀と鎧兜《よろいかぶと》の延平刀劍店もあった。

延平北路をしばらくすると南京西路にぶつかる。左に折れると大稲埕《だいとうてい》埠頭に行き当たり、右折するとすぐ、二・二八事件の小さな記念碑を見つける。古びたビルに囲まれた路地を歩くと、半世紀以上も前の事件がいま起きても不思議ではないと思えてくる。人々の怒号と熱気と乾いた軍靴の音が聞こえてくる。

記念碑前で二〇一四年二月二十八日、野党・民進党に近い台湾国家連盟が主催する「追思國殤《ついしこくしょう》二二八・建立台灣新國家（二・二八事件という国家損害を追憶し、台湾の新しい国家を打ち立てよう）」集会があった。『台湾戦後史』などの本の即売会が開かれ、魷魚羹《ヨウユィミィ》（スルメイカ入りがゆ）も百圓だった。逮捕された夫の好物のイカ粥を来る日も来る日も作って待っていた妻の話は、事件に関心のある人で知らない人はいないという。

集会の五百人が二二八和平公園への行進に移る頃、同公園記念塔前の台北市追悼紀念會には国民党の馬英九総統が出席「真相は忘れてはならない」と挨拶する。警官多数が配置され、「台灣中國一邊一國（台湾と中国はそれぞれ別の国である）」などの幟を持った人たちが遠巻きにしていた。

遺族の一人、阮美妹《げんみ す》さん（八六歳）は三月二日までの三か月半、台北市長 春 路《ちょうしゅんろ》の自宅で、「一九四七年消失的新聞界菁英（消え去ったマスコミのエリートたち）」と題した資料展示会を開いた。

阮さんは馬総統の言葉を信じない。「歴史を改竄《かいざん》した」と厳しい。総統の台北市長時代、暴行された女性は娘と一緒だったというビデオテープがつくられ、娘の話から原因は煙草の売買を巡るトラブルとされた。娘はかつて阮さんに「その時は田舎にいた」と証言していた。公園内の紀念館は馬総統時代に入って、内容が穏やかになったと聞く。

阮さんの父、阮朝日《げんあさ ひ》さんは当時、有力紙臺灣新生報《たいわんしんせいほう》の総経理だった。三月十二日、中山服姿の男たちが自宅から連れ出した後、帰ってこなかった。彼女は一九六八年、日本を訪れた時に偶然、遺族が書いた本の中に父の名前を見つけ、反乱罪の罪を着せられたことを知る。

関係者を探し当てて様子を書き留める日々のうちに、父が銃殺された事実を突き止め、国民党政府の最初の狙いは台湾人の主張を載せる新聞の幹部らだったのでは、と思い至る。父が連行された翌十三日、陳儀長官が蒋介石に送った二十人の事件指導者名のうち十人はマスコミ関係者だった。一人で集めたデータを前に「事件があったから殺害したのではない。元々消す意図を持っていたはず」と話した。残り十人には敗戦後も技術指導などで残り、「地下工作者」とみなされた二人の日本人も含まれていた。

「二月二十八日」は毎年、様々な集会が思いを新たにして開かれる。二〇一三年は民進党などが呼びかけ、大稲埕・迪化街《てきかがい》の永楽広場に「三月の屠殺を忘れるな」をテーマに二千人が集まった。家畜を殺すという意のほか、植民地の人民を虐殺するという意もある屠殺という言葉に驚く。事件を表す言葉としてこれ以上はない表現だった。真相の究明、犠牲者遺族への補償を求める人たちに交じって、背中に「台灣國」とプリントされたTシャツ姿の人もいた。集会は永楽広場から台北駅前を経て中正紀念堂前の自由広場までのデモになった。次々と行進に加わった人たちの心は、過去への追悼に終わるだけではなく、台湾独立への願いから核廃絶の主張まで広がっていった。

一五年は二二八和平公園での式典に、事件に巻き込まれ行方不明になったと思われる沖縄の人たちの遺族も参加した。

阮さん（右）宅の資料展示会。蔡英文さん（民進党主席）が説明に聞き入っていた

この時期は、事件に関する様々な記事も目にする。台湾北部の基隆港で起きた出来事についての歯科医の投稿もその一つだ。目撃者から聞いた話として伝える。

三月八日、国民党軍の増援部隊が基隆に上陸する。早朝には、日本軍兵士として南方へ出征していた約百人の台湾人も帰ってきていた。増援部隊は基隆からの優先的な列車移送を鉄道関係者に要求、対立した駅員らを殺戮《さつりく》する。部隊に遭遇した復員兵士も犠牲になった。

大陸から来た部隊は復員兵士らだけでなく市民に対しても無差別に機銃掃射を加えた。虐殺の現場になった港近くの警官派出所はいまは駐車場になっていた。山手に逃げようとする人たちの悲鳴は数十メートル先の廟口夜市《びょうこうよいち》の喧騒を掻き消した。

台湾の人たちにとって日本の占領が終わり、ようやく自分たちの時代が来たという思いは無残に潰えた。基隆で日本軍の軍服を着たまま殺された兵士は、外来の勢力に支配されてきた台湾の歴史を端的に語っているように思えてならない。

二月二十八日は「和平紀念日」として休日だ。一九九六年に陳水扁《ちんすいへん》台北市長が休日とし、翌年二月、国会にあたる立法院が法案を通過させた。二・二八事件は厳然として存在したのだという明確な意思の表示だった。そして未来への思いもまた、この日に託す。陳市長の狙いは、あるいはそこにあったのではないか、とさえ思える。

これまで講演、出版などで真相を訴えてきた阮さんは次の世代に伝えていく難しさを感じる。展示会の小冊子には「目下、二二八記念日に行われている行事は、若い人たちにとって二二八事件は『祝日』であると思わせるだけです」とあった。この日に意味を込めたはずの「休日」にも、風化という怪物は容赦しない。

こうした記念の日を、日本では休日にしない。八月十五日の敗戦記念日は、記念日であっても休日ではない。広島、長崎に原爆が投下された日は慰霊式があるだけだ。二〇一一年三月十一日の東日本大震災も、そのような動きはない。休日は祝日または祭日であり、喜びの日だ。悲しみの日は、休日にならない。国にとって国民にとって、記憶から消し去ってはならない日を休日として、人々がなにがしかを思うという発想に、日本はないようだ。

政治犯収容所は景美地区に残る

台湾人に対する攻撃は二・二八事件後も一層激しくなっていく。国民党政権は一九四九年五月に戒厳令を発令、共産主義者を殲滅《せんめつ》するという名目の元で、多くの無実の人たちを拘束、拷問の末に処刑した。権力による弾圧は、八七年の戒厳令解除まで三十八年間に渡って続くことになる。人々が脅えた日常生活を送らなければならなかった恐怖政治、白色テロ（恐怖）の時代だ。

兄を事件で失った元大学教授の黄守礼《おうしゅれい》さんは五〇年春から年末まで保安司令部保安処に拘束された。明確な理由はなかった。独房は三階まであり、黄さんは銃殺刑にされる人が多かった二階だった。事件を目撃しており、取材に応えて「あのときも今日と同じように、どんよりとした小雨だった。彼らは最初から麻袋を持っていた。煙草を全部奪うつもりだった。強盗だった。女性が一人の足にすがりつくのを足蹴にした」と話してくれた。

黄さんは九七年、ラジオのトーク番組で独房の三階にいて便器の排泄管を通じて声だけしか知らなかった「李」さんに再会する。無言で手を握り合い、生きていてよかったな、と頷きあい、独房で歌った「幌馬車の唄」を口ずさんだ。

「幌馬車の唄」（山田としを作詞、原野為二作曲）は昭和七年、歌手ミス・コロンビアの歌で発売されたが、日本よりも台湾でヒットした。四九年に拘束され一年後に刑が執行された基隆中学校長の鐘《しょう》浩東《こうとう》氏が牢獄から出ていくときに獄中で大合唱されたという。同氏もモデルになったといわれる侯孝《こうこう》賢《けん》氏の「非情城市」でも歌われている。

阮美妹さんは映画を見た後の感想を『台湾二二八の真実』（まどか出版）に綴る。

「（前略）私がこの映画で感じたことは事件がいつ発生したかではなく、あの時代の恐怖の雰囲気だからだ。ここでいう時代とは二二八事件の時であり、白色テロの時期である。重要なのは、あの『恐怖』の感覚であり、それは、まるで頭を棍棒で殴られたような、誰かに噛み付かれたような感覚で、ひとときの安息もなかった…。この感覚を、私はどんなにか実感しているだろう。もう数十年も抱えている感覚なのだ。父の突然の失踪から、数十年、恐怖の感覚は私に付き纏い、けっして離れることはなかった。（中略）

夕べに遠く木の葉散る　並木の道をほろぼろと　君が幌馬車見送りし

去年《こぞ》の別離《わかれ》が永久《とこしえ》よ

想い出多き丘の上《え》で　遠《はる》けき国の空眺め

夢と煙れる一年《ひととせ》の　心無き日に涙湧く

轍《わだち》の音もなつかしく　並木の道をほろぼろと　馬の嘶《いなな》き木霊《こだま》して

遥か彼方に消えて行く

私は父のことを想うのを禁じえなかった。父がどこで、どのようにして亡くなったのか、やはり監獄に押し込められ、同じようにこの歌に送られたのだろうか…。そして父を載せて走り去ったあの黒塗りの車が、私たちを永久に引き裂いたのだ」

二〇一四年七月五日夜、米国在住台湾人学者、陳文成《ちんぶんせい》氏を偲ぶ音楽会が台北市内であった。米国カーネギーメロン大学で統計学の教鞭をとっていた彼は一時帰国中の一九八一年七月二日、当局の取り調べを受け、翌三日未明、台湾大学の研究生図書館（現図書資訊学系）外階段下で発見される。警察は自殺としたが、家族、友人らは謀殺されたとみる。米国で台湾の民主、人権活動に関心はあったものの、拘束理由は不明で、その死には不審な点が多くあった。真相は解明されないままだ。

音楽会は弦楽四重奏にフルートが加わって、台湾の人たちの愛唱歌「望春風」「月夜愁」に先住民の民謡「賞月舞曲」、日本の「浜辺の歌」「千の風になって」、「アメイジンググレース」「エーデルワイス」など二十一曲が演奏された。四百人の聴衆は穏やかで時に哀しい台湾の調べに、指でリズムをとりながら小さな声で口遊んでいく。主催した財團法人陳文成博士紀念基金會では、毎年何らかのセレモニーを開き、音楽会は三年に一度という。死後三十年以上経ってなお、少なくない人たちが参集して故人と当時の記憶を新たにする。いくつものこうした会が全島で開かれているのだろうと思った。

台北の南、新北市新店の景美地区に、戒厳令時代の政治犯を収容した監房、法廷などをそのまま保存する景美人権文化園区がある。音楽会から一か月後に訪れたとき、一角に当局に処刑された約千二百人の姓名を連ねたパネルを展示するコーナーがあった。四九年十二月十一日に最初の犠牲者が記され、七二年十一月二日で終わっていた。名前は朝鮮戦争が勃発した五〇年六月以降急激に増える。米国の台湾を反共の砦《とりで》とする意図は、国民党政権に多少の問題にはクレームをつけてこないだろうとの認識を与えた。

郭振純《かくしんじゅん》さんは週末、ボランティアで来場者の説明役を務める。この年八月で八九歳になる。台湾独立運動に係っていた五三年に投獄され、七五年の蒋介石の死によって無期懲役が減刑され、出所で

景美人権文化園区の展示コーナー。郭さんのボランティア活動は終わりのない旅のように思えた

きた。「処刑者は当局が出した数字です。実際はもっと多く、まだ明らかになっていない事実がたくさんあるはずです」と話す。八七年の戒厳令解除までに約三千件の政治事件が発生、約十四万人が本省人、外省人、先住民、男女の区別なく連座し拷問を受け、四千人近い人たちが処刑されたといわれる。死者の遺書が遺族の元に返さるようになったのも最近のことと聞いた。

この国では「人権」は抽象的な概念ではなく、極めて具体的な問題として身近に存在している。台湾人の思いの一端を、司馬遼太郎は李登輝氏の心情に見る。『台湾紀行』に収めた李氏との対談『場所の悲哀』に、「夜、安心して眠れる国にしたい、というのが、初めて本島人出身にして統治者になった李登輝博士の願いであり、願いはいまもつづいている」と書く。

この文化園区は二〇〇四年に友人に誘われたことがあった。野党民進党から初めて総統に選出された陳水扁総統時代で「台湾独立」を訴えた彭明敏《ほうめいびん》氏の基金会が運営を任されていた。運営母体が政府文化部の国家人権博物館に代わり、展示資料が少なくなっていることに気付く。当時は白色テロがどのように起こったのか、その経緯などが克明に紹介されていたように思う。今回は被害者の名前とか、特別展はあったものの、建物だけという印象が強かった。居合わせたお年寄りは「だからこそいま、記録を少しでも残すために戦っていかなければならない」と話す。その考えの先に国民党批判があることは容易に想像できた。

老人からは「日本にもこのような施設はありますか」とも聞かれ、即座に名前が浮かんでこなかった。戦前の特高警察がしてきた「行為」を伝える場所があっただろうか、と考えてしまった。日本には被害者の視点に立った史跡が多く、加害者をより強く意識した施設は少ないのではないか。他者に害を与えた側からしか見えない本質を残す、という考えは戦後、避けて通ってきたのかもしれない。

白色テロの白はフランス王権の象徴である白百合からきたという。台湾では白色に別の意味が込められているのを教えてもらった。「銃殺は決まって早朝に行われた。夜が白み始めるころです。死を待つだけの人たちは、夜が明けるのを恐れた。その白です」

自由に飢え、自由を求めた社会を、台北市北部の小道に想う。戒厳令下に週刊誌、自由時代を立ち上げ、公の場で初めて「我是鄭南榕《ていなんよう》　我主張台灣獨立（私は鄭南榕だ。私は台湾の独立を主張する）」と宣言した鄭南榕が、雑誌社を構えた民権東路三段一〇六巷だ。彼は外省人だった。外省人は第二次大戦後に蒋介石と一緒に台湾に来た人たち及び家族であり、本省人はそれ以前から台湾で暮らす人たちだ。

戒厳令解除から一年九か月後の八九年四月七日、その思想が反乱罪にあたるとした当局に抗議して編集長室で焼身自殺する。二〇一二年、台北市議会は友人らの願いを受け、一〇六巷の名称を「自由巷」と決議する。国民党市長も賛意を示した。わずか数年前のことだが、社会はまだそのような決定

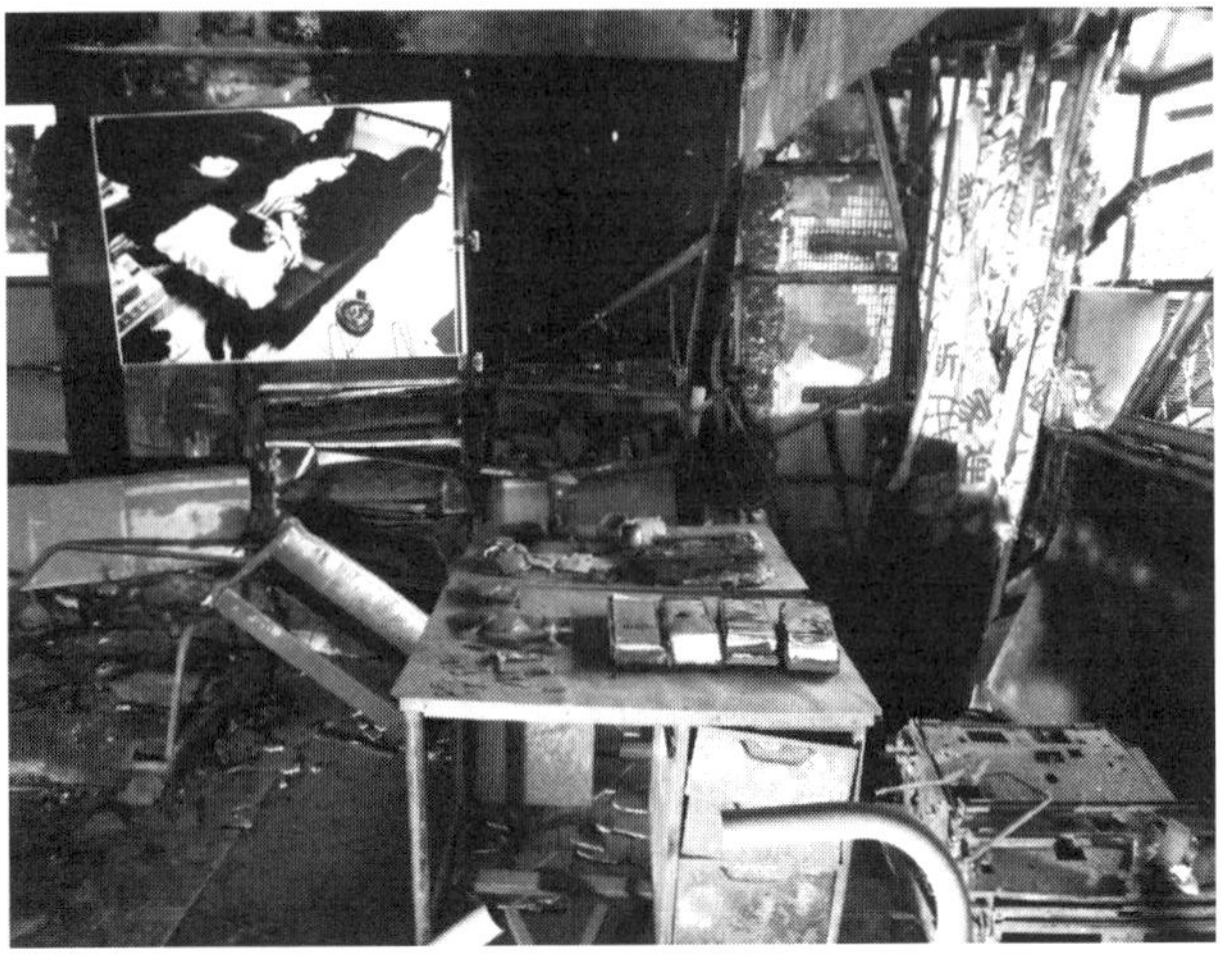

鄭南榕が焼身自殺した編集長室。彼がいまも放つエネルギーを受け止め切ることは難しかった

を容認する雰囲気を持っていた。いまならば、どうだったか。

自由巷は三百メートルほどだった。オフィス跡を改築した鄭南榕紀念会館はマンションの三階にあり、外壁の一部は黒くくすんでいた。黒焦げの編集長室はそっくり残され、火の勢いを保ったままの煙がまだ漂っているようだった。壁には布地に「台灣魂」と書かれた垂れ幕があった。通りを挟んだ向かいには、ガジュマル（榕樹）の街路樹が続いていた。彼も見たはずの榕樹は精気を孕《はら》んでどこまでも伸びやかだった。

「鄭南榕」は一四年一月、新たな波紋を広げる。台南市の成功大学が構内にある広場の名前を学生から募ったところ「南榕広場」がトップになった。南国の榕樹という意味にも取れ、相応しく思えたが、スムーズにはいかなかった。「南榕」は台湾独立を目指した鄭南榕を思い起こす政治的な意味合いが強いという批判が学内の一部教授らから出され、大学側は公式名にしていない。

台南を後日訪れたとき、機会を見つけて大学の構内を歩いた。広場を学生に質《ただ》し、道行く人に尋ねた。だれもが即座に教えてくれた。

首都早報は民主社会の魁だった

台北の街が鄭南榕の焼身自殺で揺れていた時、雑誌社から南に三キロほど下った復興南路一段では、新しい新聞の発行準備が進んでいた。一九八九年六月一日に創刊号を出す首都早報だ。編集局はビルの六階にあった。現在は通りの中央を松山空港と台北市動物園を結ぶ地下鉄文湖線の橋桁《はしげた》が続き、コットンツリーの街路樹が歩道に木陰をつくっていた。ビルの一階には銀行が入っていた。

三十八年間の長い戒厳令は八七年七月に解除され、翌八八年一月には新聞発行を制限する「報禁」もなくなって、新聞は一気に自由化が進んだ。首都早報は民主化に向けて動き出した社会の先頭を歩き出し、二大紙、聯合報《れんごうほう》、中国時報の寡占状態を崩す意気込みだった。発行人の康寧祥《こうねいしょう》氏は当時、民進党の立法委員（国会議員）を務めていた。「野党のリーダーとして新聞をつくらなければならないという思いがあった」と話す。

胎動は七五年に蔣介石が死去する前後から始まっていた。「党禁（政党組織の禁止）」「報禁」という厳しい統制下にあり、新聞、テレビなどのメディアはすべてコントロールされ、政府に抵抗すれば投獄される日々だったが、一党独裁の国民党に属さず政治活動をする「党外」と呼ばれる人たちが生まれていた。康氏は同年、最初の党外政治評論誌、台湾政論を刊行するなど、党外活動をリードした一人だ。

十二ページ建ての紙面は、台湾大学教授らの意見を掲載する言論面のほか、タブー視されていた

天安門事件を伝える首都早報。同紙が生まれていなかったら、この１面はなかった

軍事情報の分析、紹介、環境保護、医療問題など、これまで取り上げられなかった分野に踏み込んでいった。台湾以外のニュースはアジア地域を重視、大陸に関する記事も日本、韓国と同じように国際面に収容した。台湾にとって大陸はあくまで「外国」であるという意思表示だった。ニューヨークに本社を置く英字紙の香港特派員として台湾をカバーしていた李義仁《りぎじん》氏が康氏から国際部長を任される。「政府関係者から大陸のニュースがなぜ海外版なのかと言われたことがあったが、記事を入れる所が他にないと答えた」と話した。

人々が政府発表とは異なる情報に飢えていたとき、創刊五号の六月五日付け一面に「血染天安門」の見出しが躍った。詳細な記事、解説が二面以下に続いた「天安門事件」新聞は、台湾の人たちに衝撃を与える。九〇年五月に李登輝総統が軍人の郝柏村《かくはくそん》国防部長を行政院長（首相）に充てた時は「軍人による組閣反対」を掲げ、政府への異議申し立てを鮮明にした。五十人ほどの記者の養成も急務だった。国民党の意に添った社説、記事がほとんどだった既存紙とは違って「自由に記事が書ける」ことが当たり前だという雰囲気をつくらなければならなかったが、入社を希望する若い記者、記者志望の学生たちは確実に増えていった。大小六十紙が発行され、二大紙の推定部数が各百万部だった中で、首都早報は知識層を中心に十万部を維持するまでになった。

新聞の発行、運営には相当な資金が必要だった。国民党に近い建設会社などが秘密裏に資金援助を申し出てくれたこともあったが、二大紙は台北からトラック各五十台で高雄、台南に搬送するなど全島に販売網を広げていた。共同搬送は拒否され、紙面を使っての電話予約案内も効果はなかった。野党系企業はまだ少なく力も弱かった。広告収入は伸びなかった。

創刊時の資金二億圓は早々と使い切り、株主公開による増資にも失敗する。一年三か月後の九〇年八月末、事実上の廃刊である「停刊」に追い込まれる。直接的な原因は当時のペルシャ湾岸危機に伴って台湾経済の先行きが不透明になったからだともいわれる。康氏は振り返る。「いま考えれば無理だったかもしれない。しかし、時代の変化に対応して生まれ、時局を切り開いていったことは確かだ。早報が育てた記者らは現在の台湾メディアの中核になっている」

国際部次長だった駱文森《らくぶんしん》氏は「反体制派のマスコミの代表者として立ち上がったが、四十年間一党独裁で台湾に君臨した中国国民党の体制を打破することはできなかった。台湾の人たちは国民党の弾圧を恐れていた。首都早報を定期購読せず、販売ルートもマスコミ各社にすでにあった組織を活用できなかった。創刊から一年間で資金は底を尽き、増資の募集も湾岸戦争に伴う株式市場の大暴落で、頓挫した。早報は夭折したが、マスコミ反体制派の結集と奮いたたせた功労は歴史に残るでしょう」と話した。

駱氏は首都早報停刊後、一面題字上に「台湾第一、自由第一」とうたう自由時報で健筆を振るう。勤務の傍ら、朝日新聞の「現地通信員」として重要かつ貴重なニュースを東京に送り続けた。当時日本の報道各社は産経新聞を除いて、「北京重視」の姿勢をとっていた。駱氏は七〇年から現地報告をスタート、九八年の朝日新聞台北支局スタート後も二〇〇〇年まで同紙の台湾報道を支えた。

首都早報編集部があった復興南路。当時の熱気を春先に咲くコットンツリーのむせ返るような朱い花に仮託する

台湾の主要紙は現在、民進党系知識人らのオピニオン紙的な存在になっている自由時報が七十万部でトップだ。香港に姉妹紙を持つ台湾の蘋《ひん》果《か》日報《にっぽう》は若者をターゲットにエンターテインメントに力を入れて迫る。各紙が政治的な色合いの濃い紙面をつくっている中では異質かもしれない。かつての二大紙は、聯合紙が四十万部、中国時報が二十五万部だ。大陸との付き合いが深い経済人らの支持があるといっても、勢いはない。

各紙の編集スタンスは、首都早報創刊当時と同じように中国、あるいは国民党との距離の置き方によって変わってくる。国民党に考え方の近い新聞は海外ニュースのほかに、台湾と大陸の関連記事に特化した「両岸」面を持つ。台湾を主体とする方は、同じ面数でも「国際」といった表現を使い、殊更に大陸を意識していないような構成だ。

台北の街で新聞を買うにはコンビニに限る。欧米、香港などのスタンド売りは見かけたことがない。地下鉄もホームや構内に売店はなく、改札口を出てセブンイレブンなどを探すしかない。宅配は新聞社に連絡すれば業者が配達してくれるが、購読紙で支持政党がわかるのが怖いという風潮はいまでも尾を引き、手間もかかる。

毎朝、近くのコンビニへ足を運ぶ。新聞記者時代の習慣はいつまでもなくならないのか、一紙だけでは心もとない。一部十圓の新聞がほとんどで、三紙買っても日本円で百円前後だ。コンビニは店内に長椅子とテーブルを用意しているところが多い。新聞を買ってから椅子に腰かけ、ゆっくりとページをめくる人をよく見かける。新聞もまだ、立派に街の風景の一つになっていた。

「野百合」が中国を普通の隣人にした

台湾北部海岸は基隆《キールン》と淡水《たんすい》に挟まれ、北端の富貴角《ふきかく》が東シナ海と台湾海峡を分ける。岬の東側に東シナ海に突き出した獅頭山《しとうざん》という小さな半島がある。基隆からバスで約三十分の距離だ。かつては軍事用地として立ち入り禁止だったが、現在は獅頭山公園として整備されている。この公園に五月初旬、野百合を探した。

公園入口のビジターセンターから半島の突端に向かうハイキングコースを登っていく。二百メートルほど歩いて樹林帯を抜けると目の前に海があった。崖下の浜までどのぐらいあるだろうか。柵越しに覗き込むように下を見る。

あった。

白い大花が一つ、二つ、三つ、崖に寄り添うように咲いていた。

季節外れの台風が東海上を通過していた。塩交じりの風が吹き付けてきた。雨も競うかのように横殴りだった。思わず傘を投げ捨て、カメラを向ける。最近のカメラは撮った先から写り具合が分かるから善し悪しだ。撮っては見直し、また撮っては見直す。この花に会うために来たのだから、体が濡れるのは仕方ないと自分を納得させる。

野百合は台湾固有種のタカサゴユリのことだ。毎年四月初めから五月にかけて咲き、九月頃まで花をつける所もある。台湾全島の海岸部から海抜三千メートルを超す高山まで広く分布する。最近は開発が進んで減少しているが、各地の愛好会などによって移植作業が進んでいる。獅頭山公園にも養生地が設けられていた。九州南部から南西諸島を原産とするテッポウユリに酷似しているが、茎が比較的太く、花も大型だ。日本には大正年間、園芸用として持ち込まれた。

獅頭山公園の野百合。断崖に咲き、風雨にも揺るぎなかった

戒厳令解除から日が浅く、社会が大きく変わろうとしていた時代、学生たちが国の針路を決定づけたことがあった。一九九〇年三月、全島から集まった学生たちは、台北のランドマークの一つである中正紀念堂前の広場に座り込み、国民党一党支配による政治体制の改革を訴えた。学生たちは野百合を象ったモニュメントを広場中央に掲げ、「自立、草の根、

強靭な生命力、春の開花、高潔」を五大精神として頑張る。メディアが「野百合学運」と名付けた運動を、多くの市民が見守り、昼も夜も、新生台湾への思いが辺り一帯にあった。野百合は民主社会のシンボルとなった。二月二十八日の二二八和平公園は毎年、この花で記念碑が埋まる。

同年二月、国民党臨時中央委員会全体会議で総統に指名されたばかりの李登輝氏は、五月の就任式を前に学生たちと話し合い、彼らの提起に沿った形で民主化に大きく舵を切る。国民党内で足場を固め切っていなかった総統にとって、学生らの主張と支援の市民は追い風に感じたはずだ。広場の下には地下通路があり、鎮圧部隊が待機していたといわれる。総統は排除命令を出さなかった。

李総統は就任演説で、憲法の付属文書に「平定すべき反乱勢力」と規定してきた中国政府との関係で、「できるだけ早い時期に法に基づいて（中国との内戦を前提とした）動員態勢を終わらせたい」と述べ、敵対関係の事実上の終息を表明する。中国を普通の「隣人」として対応していきたい、そのことがとりもなおさず、独自の存在としての台湾を際立たせる、という認識だったのではないか。後年の「台湾と中国は特殊な国と国の関係」という位置付けはこのときすでに芽生えていた。

九六年、住民投票による初めての総統選挙で再選された李氏の就任式は六年間の変化を端的に表していた。初回は伝統的な中国の建築様式に則った孫文紀念堂で行われ、式次第は、抑揚を極端につけた話し方で威厳を保とうとする国民党スタッフによって進められた。二回目は桃園県（現桃園市）のドーム式巨蛋《きょたん》（ビッグエッグ）体育館だった。明るく開放感に溢れ、進行はテレビの歌謡番組の人気司会者だった。

李氏の後を受けて二〇〇〇年に野党民進党から初めて総統に選出された陳水扁氏は、中正紀念堂の

台湾の選挙風景。街頭応援カーは軽トラックからバイク、自転車まで様々だ

高さ三十メートル、幅八十メートルの大門に掛かる蒋介石座右の「大中至正」という扁額を、「自由廣場《ひろば》」と改め、学生たちの志を継いだ。

台湾のトップである総統は長い間、国民党が独占していた。一九九六年に直接選挙制度が導入されてからは、国民党と民進党が交互に政権を担っている。陳氏は二〇〇四年に再選を果たすが、〇八年からの馬英九総統・国民党政権は、一六年の総統選まで続く。

野百合学運は二十五年を経て再び、台湾社会を動かす。一四年十一月二十九日、台北市、高雄市など全島に計二十二ある県市の首長選から郷長（郡町村長）、里長（各都市の地区長）選までの九種類の選挙を一斉に行う統一地方選（九合一選挙）は、「野百合像」と共に民主化を叫んだ世代を次々に当選させる。

台北、高雄に次ぐ第三の都市、台中市で現職を破って初当選した林佳龍《りんかりゅう》氏は、国民党の金城湯池《きんじょうとうち》と言われた桃園市で勝った鄭文燦《ていぶんさん》氏と共に野百合学運のリーダーだった。彼らが政治家として国民党のベテランに対抗できるだけの地力をつけ、周囲の「学運世代」と呼ばれる働き盛りの人たちが推進力になった。翌三十日、保守系紙の中国時報は、民進党は北部から南部にかけて野百合学運時代の人たちによる新しい骨格ができたと解説する。

政治状況を変える要因には若い世代の積極的な関与があった。大学を卒業しても就職が難しく、仕事を見つけても給料は上がらず、格差だけが広がる閉塞社会は、大陸資本が台湾を呑みこむのでは、という不安も加わって若者らの気持ちを追い込んでいった。台北で学ぶ学生らが投票のために郷里に帰る姿が連日のように報道されるなど、現状を変えたいという気持ちは以前にも増して強かった。彼らの間では外省人、本省人といった区別ではなく、台湾人といった概念が支配的になりつつあった。

台北市長には無所属で民進党が推す柯文哲《かぶんてつ》氏が国民党の連勝文《れんしょうぶん》氏を破った。大都市選挙では初めてともいえる無所属候補の柯氏は五十五歳の台湾大医学部教授だ。選挙の一年ほど前から政治的な発言が市民の人気を得て、民進党も独自候補擁立を捨てて「勝てる」候補者を選んだ。

柯氏の選挙事務所前は投票前日夜から音楽会スタイルの支援集会が開かれ、当日も音楽が会場を支配した。若い人たちがキャッチフレーズの「Ｏｎｅ Ｃｉｔｙ Ｏｎｅ Ｆａｍｉｌｙ」が染め込まれたオレンジ、ブルーの小旗を振る姿は、野外ステージのミュージシャンに歓声を上げるファンと同じだった。常に国民党の「藍」と民進党の「緑」というシンボルカラーが支配してきた台湾の選挙で、二つの色がない風景は新鮮だった。

日本では当たり前になっている無所属候補に既成政党が乗ってくるという選挙方式が今後も定着するかどうか。人々の主張が多様になってきた社会にあって、特に地方選挙では単純な政党支持ではカバーできない側面も増えてきている。台湾社会の成熟化と捉えるべきかもしれない。

中国は統一地方選についての論評を控えたが、総統選挙は「台湾省のトップ選出は一地方選挙だ」と見過ごすわけにもいかないだろう。そのことが台湾は国として存在しているという論拠の一つにもなり得る。

教会のハンストは「福島」を否定する

台湾の人たちの日々の暮らしを眺めると、街には様々な主張が氾濫していた。道路拡張工事で家を強制退却させせられる人たちを守るために、現地に行って警官隊と衝突する大学教授、学生がいた。逮捕された教授、頭にけがを負った学生は夜のテレビ討論に出て、持論をぶつける。高速道路料金所自動化で職を失った人たちは十分な補償を求め、水害後に安全を理由に山の暮らしを追われた先住民は住み慣れた故郷に戻りたいと叫び、米企業による有毒溶剤の垂れ流しなどを提訴した元工員たちは十年以上の裁判闘争を続ける。どこにもだれにも気兼ねすることなく思いをぶつけられる社会は、戒厳令解除からまだ三十年もたっていない時代の空気を映し出しているのだろうか。

何気ない日常の中で特に目を引くのは反核のアピールではないかと思う。台北でも台南でも田舎の商店街でも、喫茶店に、洋品店の店先に、マンションの窓に「反核　不要再有下一個福島」の旗をよく見かける。「もう福島はあってはならない」というメッセージは日本とは比較にならないほど先鋭的だ。「福島」は日本だったのだろうかと、一瞬戸惑ってしまうほどだ。女優の林志玲（リン・チーリン）はじめ多くの芸能人も当然のように反核を表明する。テレビは日本の原発に関連する話があれば、いまも息長くキャリーする。日本で二〇一四年三月に封切りされた久保田直監督の「家路」は夜

台北の乳母車デモ。行進を追いながら、大陸で原発事故が起きたらと思ってしまった

のニュース枠で直ちに紹介された。

東日本大震災に合わせた同年三月八日のデモは台北、台中、高雄、台東などで行われ、主催者発表で十三万人が参加した。台北では雨が小止みなく降り続ける中、八万人が集まる。デモ隊は「核電帰零（原発をゼロに戻せ）」「為了孩子不要核子（子供のため、核は不要だ）」「通過廃核法案（核廃絶法案の採択）」といったワッペンを胸、腕に張り付け、ベビーカーの親子連れが先頭だ。幟も「台湾主婦連盟」「台湾環境資訊協会」「台湾親子共学教育促進会」など様々だ。全島一体となった展開は、九州より面積が少し小さいということも利点として挙げられるかもしれない。

第四原発建設に抗議して一か月後に断食に入った林義雄・民進党元主席の行動もまた市民の共感を呼び、反核デモは台北駅前の道路に座り込むなどの広がりを見せる。政府は住民投票までの工事凍結を発表、林氏は九日間続けた断食を中止する。住民投票の具体的なスケジュールは決まっておらず、原発推進政策は大きく後退した。

林氏は第四原発予定地に近い台湾北東部・宜蘭《ぎらん》県出

身だ。非合法民主化デモに関与したとして投獄されていた一九八〇年二月、自宅で母親と幼い双子の娘を何者かに虐殺された。犯人は不明だ。人々は自宅を改造した義光教会でのハンストに戒厳令下の白色テロ時代の抵抗を重ね合せ、その思いが古典的な戦術に大きなインパクトを与えた。

原発はすでに三か所に六基ある。七八年、第一原発が台北から二十五キロほどの新北市石門地区の海沿いに建設され、営業を開始する。八五年までには少し東の同市万里地区に第二原発、最南端の屏東県恒春鎮に第三原発が稼働した。新北市貢寮区の第四原発も台北から約四十キロの海岸部だ。第一原発運転直後に候補地が選定されたが、地元住民の反対、チェルノブイリ事故後の安全性論議、与野党の政権交代などで建設が延び延びになってきた。

台湾でも九九年に中部大地震（M七・六）が起きており、日本と同じような巨大地震、津波に襲われる可能性は皆無とは言えない。海岸部に立つ原発への不安は大きい。ただ、第四原発の建設中止を求める声は強いが、第一から第三までを即時廃止せよという主張はあまり聞こえてこない。すでに運転中であり、暫時廃止の方向に持っていくという声もあるが、まずは第四をストップさせなくては、ということなのだろうか。

台湾の電力は台湾電力によると二〇一二年の総発電量は二千百十七億キロワットだ。同電力が発電する千六百五十三億キロワットのうち、火力発電が五六パーセント、原発が一八パーセントになっている。同電力は年々増加する電力需要に対処して火力発電量を増加しているが、将来的に原発は不可欠だとする。日本の電力会社と同じ論理だ。

住民投票は全有権者の過半数が投票し、さらにその過半数の賛成を必要とする。民進党は有権者の二五パーセントの投票で有効とするよう主張するなど、流動的な要素はまだ多い。しかし、台湾の人たちはいま、「福島」の経験を分かち合えなくなってしまった感のある日本と違って、「福島」を否定する試みに一歩踏み出したように思えた。

台北から第二原発まではどのくらい近いのかを感覚として知りたかった。基隆近くを回り道するバスしかなかったが、わずか四十分の距離だった。付属施設の北部展示館には安全性、福島原発と同様事故への対応などの資料が展示されていた。北部海岸道路を挟んで砂浜が広がる。プラスチック玩具を並べていた売り子が凧《たこ》を揚げて観光客の目を引いていた。

人々の訴えは社会のあらゆる問題へと広がっていく。抑圧された人たちの思いが一気に爆発したと言えば言い過ぎだろうか。長い間社会から隔離、差別されてきたハンセン病患者の「移住問題」にも、新しい風は吹いた。

台湾で唯一のハンセン病（漢生病）サナトリウム、楽生療養院は、台北から淡水河を西に越えた新北市と桃園市の境にある。地下鉄・中和新蘆線《ちゅうわしんりょせん》の終点、迴龍《かいりゅう》駅の近くだ。ホームからエスカレーターで地上に出ると、操車場工事用の土砂が積まれた奥に旧楽生療養院医療棟が見えた。現在の楽生療養院は地下鉄工事に伴い、〇五年に八階建ての新病棟が完成、一般住民の治療も行う総合病院になっていた。

新楽生療養院は前後二棟からなり、正面玄関のある前棟は内科、外科、皮膚科など二十を超える診療科目が入り、廊下で連結した後棟がハンセン病患者の診療病棟だった。患者は当初、全員が住み慣れた住宅から「転居」することになったが、「強制移住」だとして反対の声が起り、同時に日本時代の医療棟などを史跡として保存すべきだという運動も生まれる。住居の選定は患者の意思に任され、旧医療棟なども残った。

台湾のハンセン病は現在、九千五百人の患者がいる。六十五歳から九十五歳までの百六十一人が療養院で治療、生活する。残りの人たちは全島で在宅のまま通院治療などを受けている。

療養院は三つの生活空間を持つ。新しい病棟に移った人たちは百七人。二、三階が寝たきりなどの重症患者、五階から九階までは軽症者だ。四階はない。症状の軽い人は戸外を散歩し、談話室でのテレビを楽しむ。カラオケを歌う人たちが見る映像は日本語の画面が多く、時々中国語の歌詞が加わる。残り五十四人は、新療養院近くの平屋建ての棟割り住宅に住むか、旧療養院の戸建てに三人から四人で暮らす。天気の良い日には日向ぼっこや家の前の庭の草むしりをしている人もいた。新療養院と旧療養院は地下鉄工事現場を跨ぐ歩道橋で結ばれ、患者たちは三つの区域を電動車椅子で行き来していた。

指導班の呉麗玲《ごれいれい》主任（五〇歳）は「人それぞれ考え方が違う。外の方が広々としていいと言う人もいれば、新病棟の便利さを言う人もいる」と話す。車いすを自在に操作する患者たちの動きは、スムーズであればあるほど、社会での自由な活動を拒絶され、限られたエリアに閉じ込められた人たちだということを改めて突き付ける。

歩道橋を渡った先にある旧療養院には、なだらかな山の斜面に沿って医療棟、病棟、厨房、浴室、ボイラー室など十棟近くがあった。消毒室からはアルコールの臭気は消え、図書室には孫文の絵が無造作に捨てられていた。看護師の白衣がスチール製ロッカーにかかっていた。ほとんどの建物が鉄骨で支えられ、保存運動の古いビラが壁、ガラス窓などに貼られたままになっていた。何本ものガジュマルの大木が朽ちかけた建物群を見下していた。

日本などでは当時の状況を伝える資料館が生まれ、世界遺産登録の動きも出ている。友人の一人は、草津のハンセン病患者療養所・栗《くり》生《う》楽《らく》泉《せん》園《えん》に最近オープンした重監房資料館を訪れ、戦前、洗濯係りの患者が新しい長靴がほしいと言ってストをしただけで重監房に入れられ、そこで死亡したという事例を知る。「信じられないことです。被害者のことももちろんですが、『加害者』を意識させるものでした。ハンセン病患者を蔑視した思想について、一人ひとりが加害者であると感じました」と話してくれた。

楽生療養院の旧医療棟。廊下は暗く続き、気持ちを一層暗くさせた

台湾は「人権」については日本以上に敏感なところがあると思うのだが、資料館などの計画は聞かない。旧医療棟を将来に向けてどう生かしていくかのアイデアなり話し合いが進んでいないのかもしれない。

楽生療養院は日本統治時代の一九三〇年に設立され、日本国内と同じような隔離政策によって全島から患者が集められた。第二次大戦後の国民党政権もこうした隔離・差別政策を受け継いだ。長い間支配的だったハンセン病は危険な病気だという誤った認識は、八一年以降になってようやく外来治療中心へと変わる。

呉さんの説明によると、戦前は台湾人、日本人、琉球人、朝鮮出身者が入所していた。「沖縄県資料・沖縄民政府記録1」は、四六年十一月一日の軍民連絡会議での知事の「台湾に居るレプラ（ハンセン病）四十人の中十五人は沖縄人、残りは宮古・八重山だが、支那政府から引取れと来て居るが」という報告を伝え、十二月二十七日の同会議に「台湾からのレプラ十七人を愛楽園（沖縄愛楽園）に収容した」と記録する。

V

初秋に紅檜の森を歩く

日本統治時代に作られた阿里山森林鉄道。神木駅に倒木のまま保存された「御神木」の脇を観光列車が通る

阿里山の雨は屋久島のようにリズミカルだ

台湾は亜熱帯か熱帯かの気候区分に入り、日本に比べ春夏秋冬がはっきりしない。それでも台湾茶に春茶、秋茶、冬茶があるように、台湾の人たちは空の青さ、雲の高さ、花の咲き具合などから敏感にその移ろいを知る。秋の到来だけはなかなか難しく、夏が終わりかけるころ、吹いてくる風の冷たさに初めて、それと気付くときがある。

初秋の阿里山に登った。山に降る雨の中にいると、雨足が強くなるほどに心が落ち着いてくる。深い森に棲む生き物全てが身を潜め、雨粒は木々の枝、葉、地表の苔を伝わって大地に吸い込まれていく。リズミカルに優美に落ちてくる雨は、かつて歩いた屋久島と同じだった。阿里山にいるはずの自分がいつか、屋久杉の森に立つ自分と重なった。

北回帰線の通る嘉義《かぎ》からバスで二時間も上ると、海抜二千百七十メートルの阿里山森林鉄道阿里山駅に着く。阿里山駅からは神木線と沼平経由祝山行の路線があり、周辺は「阿里山國家森林遊樂區(千四百ヘクタール)」として巨木群を巡る散策路が整備されていた。昼過ぎに着いた阿里山は雲が厚かったが、雨はまだ降っていなかった。

神木駅までは七分ほどで片道五十圓だった。現在は運転休止中の嘉義からの森林鉄道は以前はここでスイッチバックして更に上がっていった。線路脇にあった樹齢三千年を超えるといわれたベニヒノキ(紅檜)の御神木は、戦後になって二度の落雷に遭う。一九九八年の伐採後は倒木のまま保存され、

阿里山の巨大な切り株。屋久島の切り株も、これほど苔むしていたかどうか

幹にはすでに苔、草が生えていた。

駅から続く遊歩道を歩き出したころには霧が雨になった。辺りが緑の濃淡に深く浅く彩られるなかで、朱色のヒメヒオウギズイセン（射干菖蒲）が一際鮮やかだった。樹齢千年から二千年前後のベニヒノキは二十本を超え、幹に番号がついていた。日本統治時代からの開発伐採を免れた木々だ。急勾配の斜面を登り切ると阿里山神社跡に出る。若いヒノキに囲まれて阿里山の林業に貢献した河合鈰太郎《したろう》の碑があった。巨木の切り株が目立つ。屋久島では直径二メートルを超す屋久杉の伐採前、杣夫《そまふ》は神棚に杯をあげて祈り、「鋸を入れた日に伐り倒せ。樹霊に対する餞《せんべつ》だ」という言い伝えがあった。山師たちの行き来があった阿里山にも同じような習わしがあったかもしれない。

阿里山は一つの山ではなく、十八の山々からなる。日本が下関条約で台湾を得た翌年の一八九六年、台湾総督府はこの山の豊かな森林資源に着目する。樹齢数千年の針葉樹が百五十万本以上あるという報告もなされ、ドイツで近代林業を学んだ河合を招聘、一九一二年の森林鉄道開通と共に本格的な開発をスタートさせる。

阿里山について、河合は内務大臣官邸晩餐会で「実に驚く可《べ》き檜林があります」と講演する。「臺灣協會會報第六拾四號」（明治三十七年一月二十日発行）には概略以下のような話が載っている。

「新高山（玉山）の前方に位置する阿里山は高度二千メートル前後にヒノキの森がある。気候が厳しく先住民は住んでいない。低山部のカシのような常緑高木との混在林から次第にヒノキの純林となっていく。中央部に塔山という場所がある。先住民の言葉で化物山という意味だ。阿里山の先住民は百三十三戸、老幼男女合わせ千五百人が暮らしている。彼らの考えでは魂というものは二つある。死ぬと一つは天に昇り、一つは化物山に行って住むと信じている。そのため、どこにでも猟に出かけるが、この山だけはよほどの不猟でもないと行かないという。塔山の奥は先住民でさえ道を知らないので入ることができない」

先住民にとっては魂の休まる森が、植民地時代に資源として伐採に次ぐ伐採が行われたということか。

敗戦までの三十三年間、伐採面積九千七百七十ヘクタール、伐採木は三百四十七万立方メートルにのぼった。林業経営はそのまま国民党政府に引き継がれた。

中国人観光客も多かった。阿里山駅に隣接する観光バスターミナルには平日でも百台を超えるバスが駐車していた。多くは大陸からの団体ツアーだろう。彼らが原生林を見るのは初めてかもしれないと思いながら、大陸には原生林というものが残っているのかとも思った。二十年ほど前の香港で、友

阿里山の雲海。日が暮れるのは遅く、いつまでも雲の動きを追いかけた

人からチベットの東部には鬱蒼たる樹林が広がっているという話を聞き、乾燥した西蔵高原しかイメージとして浮かんでこなかっただけに驚いた記憶がある。友人は中国軍が資金稼ぎに次々に切り倒していると続けたが、いまはどうなっているのだろうか。

　雨は夕方になって止んだ。谷間から湧き上がる白雲が峰々をあっという間に包み込んでいく。神社跡近くの慈雲寺前に立ち、宵闇に浮かぶ雲海の変化を楽しんだ。

　翌朝は未明に起き、祝山駅前の展望台に日の出を見に行く。駅までの線路は台湾が独自に開設した。大気は冷たかった。午前五時過ぎに着くと、目の前に海抜三千九百五十二メートルの玉山とそれに連なる山々があった。夜明け前の水色の空に少しずつ茜色が加わり、頂は黒くシルエットになって聳《そび》えていた。雲が日の昇る少し前から出てくる。視界は次第に狭く遮られていった。

埔里の農村。日本の田舎と変わらないのどかな風景だった

埔里の手漉き紙が日本の書道家に愛される

台湾中部の埔里《ほり》は水の豊かな街だ。周りを山に囲まれた盆地にあり、湧水を利用した紙づくりがいまも続いている。紙漉《かみす》き（手工造紙）が実地に見られるというので、街の西にある廣興紙寮《こうこうしりょう》に足を運んだ。畳一畳ほどの紙を漉き、その紙を乾燥させる作業などが目の前で行われ、新しい紙が次々と出来上がっていく。ガンピ、コウゾ、クワ、サトウキビ、トウモロコシ、マニラ麻、藤、稲藁《いなわら》、竹など多岐にわたる材料の展示から、煮る、水に晒《さら》す、漂白、解《ほぐ》す、紙漉き、圧搾、乾燥、仕上げまでの手順が丁寧に紹介されている。訪れた学生グループ、家族連れ、お年寄り夫婦らが自ら制作者になり、自分で漉いた紙から手形、葉書などをつくって楽しんでいた。

一枚、一枚、狂いなく紙を漉いていくベテランの仕事ぶりを見ながら、絶え間なく流れ落ちてくる水が気になった。湧水はどこかと尋ねると、手を休めずに「地下から来る」という答えだけが返ってきた。スタッフから五分ほどと聞いた同じ水源の湧き水を、道路から崖下に十メートルほど下ったと

紙の手漉き作業。紙の原料には、身近な植物が多かった

ころに探し出す。傍らの洗い場みたいな所に洗濯物が置いてあった。台湾でも井戸端会議はあるのだろうかと想像した。

紙《し》匠《しょう》手工《しゅこう》紙《し》工房《こうぼう》は廣興紙寮からそれほど離れていない所にあった。代表の林政立《りんせいりつ》さん（四六歳）は埔里の水について「カルシウム、鉄分が少なく、長く変色しない」と話してくれた。祖父の代に日本から紙漉き技術を学び、現在でも月産九万枚の画仙紙のほとんどは大阪、東京、四国などへ輸出され、書道家に愛用されている。「日本の書道には滲《にじ》み方が最適なのだが、台湾で漢字を書くには滲み過ぎて、まあまあだ」と笑顔だった。

紙漉きの歴史は日本統治時代の昭和の初めに遡り、最盛期は二十を超える工房があった。戦後も発展を続けたが、工業紙に押されるなどして現在は十社ほどという。

台北の街中でも紙漉きを見ることができる。台北市長安東路の樹火紀念紙博物館は、製紙会社社長の遺志を継いだ家族が一九九六年に開いた。ビルとビルの間にこじんまりと佇む四階建ての博物館で手漉き作業を見ていると、野趣に富む埔里で生まれる紙とはまた異なる造作を垣間見せてくれる。紙でつくられた様々な風合いの皿、ノート、ランプなどが展示され、小品は販売されている。紙の歴史が簡単に紹介され、実演コーナーもあった。

樹火紀念紙文化基金会が発行した『台灣蓪草紙《つうそうし》』という本を手に取る。その存在も名前も全く知らなかった蓪草はカミヤツデのことだ。水分を上げる髄の部分を乾燥させて紙にしたのが蓪草紙になる。一七世紀頃には広州で画仙紙として人気を呼び、台湾にも持ち込まれていた。当時はまだ中国で漉いた高価な紙が輸入されていた時代だった。

艶やかで滑らかで弾力のある蓪草は高級紙の「代用品」として重宝がられ、花鳥風月が描かれ、服飾品、紙工芸の材料に充てられたという。一九世紀初めには有数の産業に成長、海外に輸出されるまでになったが、現在ではほとんど見かけない。二〇〇六年の初版には「関心のある人は博物館に問い合わせて下さい」とあったが、スタッフにも本に書かれた以外の情報はなかった。

埔里の豊かな水は酒造りという産業も生み出した。紹興酒を紹介する埔里酒廠は街の中心部にあり、大型観光バスが前庭に並んでいた。大正時代の創業は紙漉きより古く、併設の文化館で古い甕《かめ》、甕醸造業の歴史、製造工程を眺めていると心地よく酔った気分になってくる。

埔里は大陸からの移民が入るまでは平地先住民の里だった。田畑は彼らによって耕され、新しく移ってきた人には、山裾、河原近くの荒れ地しか残っていなかった。しかし、収穫した米は漢人に買いたたかれ、日用品、他の食料との交換に消え、田畑も安値で手放す人が多かった。先住民には結婚式の日、二人で川に水を汲みに行き、その水でその日の炊事を行うという風習もあったと知る。昔から水との縁が深い土地なのだろう。

台湾の地方都市はどこも、まだまだ元気がいい。バスターミナルはその街の活力を測る恰好のバロメーターだ。埔里の待合室で近在の人たちが知り合いを見つけて話し込んでいる。大きな旅行ケースを抱えた外国人がバス会社の職員に観光名所、日月潭《にちげつたん》への道を聞いている。女子高生らの笑い声は歓声に近かった。コーヒースタンドはサイフォンで淹れたアメリカンが四十圓だった。

鹿港の媽祖は「黒水溝」を渡ってきた

鹿港《ろっこう》は清朝時代「一府（台南）、二鹿、三艋舺《ヴァンカ》（台北萬華）」といわれた港だ。台湾の中部に位置し、台湾海峡を臨むかつての湊町に鉄道は通っていない。台湾鉄道彰化《しょうか》駅か、新幹線台中駅からバスで行くしかなかった。その殷賑《いんしん》が過去のものになった背景には、台北の萬華と同じように鹿港渓の堆積物が港としての機能を失わせたほか、鉄道網から外されたことも大きかった。

バスから降りて鹿港に入る。街は天后宮を中心にいまでも変わらないほどの活気に満ちていた。廟の沿革は「明末清初」と曖昧な起源しか書かれていない。明は一六四五年に滅亡するが、一説には一五九一年に台湾で初めての媽祖廟《まそびょう》として建てられたともいわれる。

航海の神である媽祖には、彼らの格別の思いが込められていた。この廟が台湾に無数にある媽祖廟の中で、特異な地位を占める理由は、福建省湄洲島《びしゅうとう》のいわば本家本元の媽祖から直接分霊した唯一

鹿港の天后宮。界隈は毎日がお祭りなのだろう

の廟だからだ。一六八三年、清の施琅《しらん》将軍は台南の鄭《てい》政権を撃つべく湄洲媽祖の分霊と共に「黒水溝（台湾海峡）」に軍船を進め、その加護によって勝利する。その後、鹿港一帯を開拓した将軍の親族らがこの地に湄洲の媽祖を祀った。

天后宮には台湾各地の廟からお参りが来る。他の神に挨拶にいく「出巡遶境《しゅつじゅんじょうきょう》」だ。この地からさらに分霊された廟も多いからだろう。この日は南部の嘉義《かぎ》地方の天后宮の人たちが神輿《みこし》を先頭に参拝していた。門前の通りでは順番を待つ他の神たちが二メートルを超す張子の神将を従え、「陣頭」を仕立てて練り歩く。陣頭は跳鼓陣（踊りと太鼓）、獅陣（獅子舞）などで構成される伝統歌舞団といってもいい。銅鑼《どら》の音が景気づけに勢いよく、喇叭《らっぱ》が後を追う。マキの代わりに爆竹をくべるのかと思うような形をした「爆竹ストーブ」からはけたたましい連続音が続いた。食堂を営む主人から「農暦三月二十三日の媽祖誕生日に

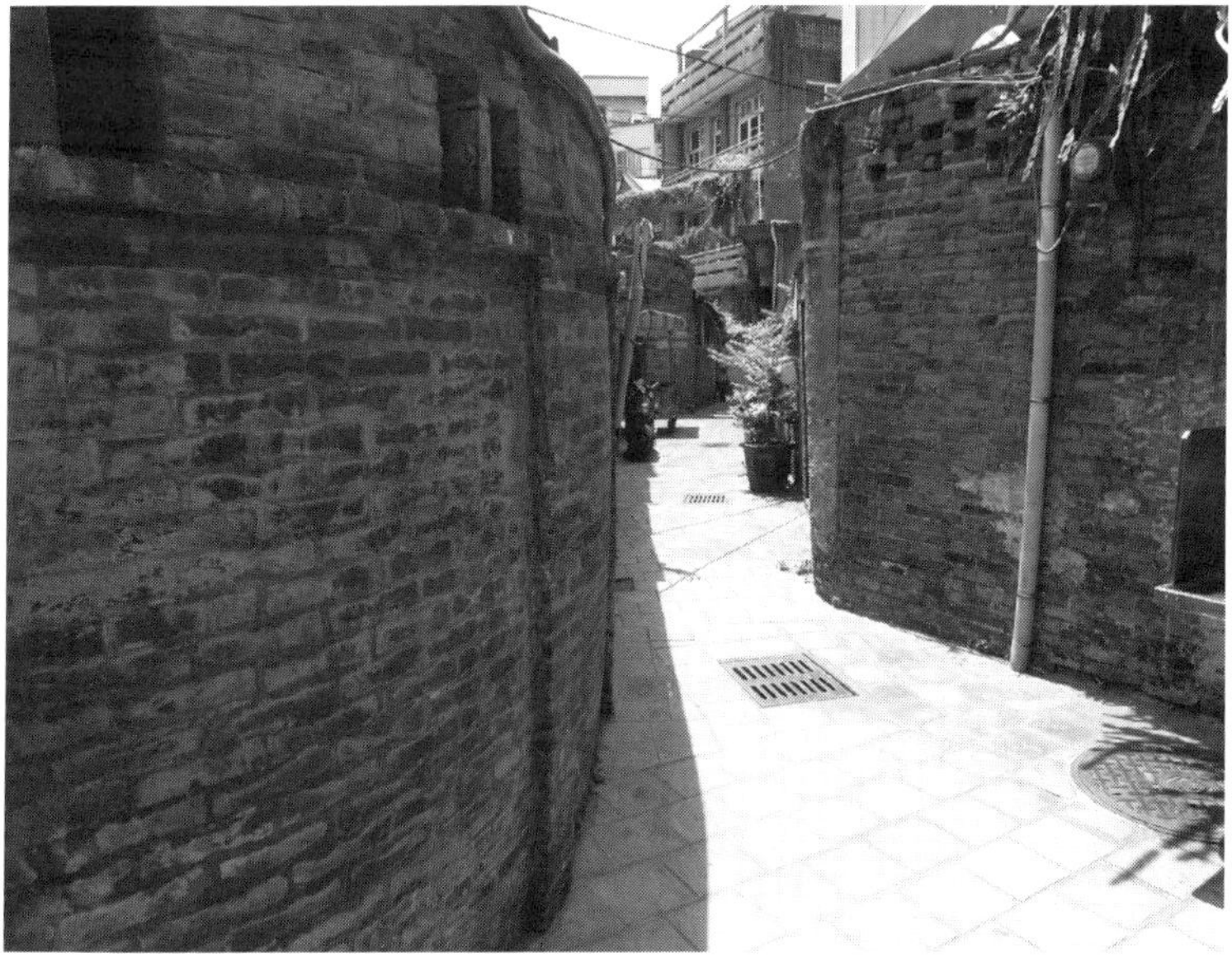

九曲巷。大陸に近い土地柄がこうした通りと遊びを育んだ

来てごらん。それはもう、今日の比ではない」と言われたが、十分過ぎる賑わいだった。

台湾では廟のないところはないといってもいいほどだ。先祖の位牌と故郷の廟の何らかの分身を携えて必死に海峡を渡ってきた移民たちは「渡台始祖（最初の渡航者）」を頭とする家譜をつくり、各地域には廟が建てられた。祖先の霊を祀り、同時に一族、集落の団結を強めるためには欠かせない拠り所だった。無縁仏も手厚く供養する風習には海に逝った同胞への思いがあったのだろう。

天后宮裏の通りを南に下っていくと、「九曲《きゅうきょく》巷《こう》」と呼ばれる曲がりくねった路地にたどり着く。現在は金盛巷という名前に変わった小道はレンガ塀がカーブを描いて続いていた。清朝時代、秋から冬にかけて吹き荒れる雪交じりの季節風を防ぐために工夫され、対岸のアモイ（厦門）との交易によって財を成した豪商たちが冬の一日、この一角で遊興に明け暮れたという。十宜楼《じゅうぎろう》として残る建物は「慶昌号」という屋号の卸売業者が建てたもので「琴、棋、詩、酒、絵、花、月、博奕、煙草、茶」を意味し、風流人が集まったといわれる。

九曲巷に豪商こそいなくなったが、いまでも生活道として生きている。細道の端には汲み上げポンプ式の井戸があり、バケツを持った主婦、たらいに洗濯物を入れて来る女性を目にする。路地を囲むかのように市場ができ、勝手を知った人たちが抜け道に利用する。線香屋は店先に丸い蚊取り線香を一回りも二回りも大きくした線香を干していた。

通りの行き止まりに興安宮（興化媽祖宮）を見つける。施琅将軍の台湾遠征から一年後の一六八四年、福建省興化府の移民らによって建てられた廟だ。天后宮と同じ媽祖を敬い、歴史もほとんど同じなのだが、人の気配はなかった。この違いはどこから来るのだろうか。廟の境内では、老女が「梅餅」を売っていた。九十二歳になるという。梅の香りをつけた小さなクッキーは、娘の店から持ってくる。十枚ほどで十五圓に、買い手はいなかった。端から商売を当て込んでいないのか、菓子を置いたテーブルを前に、のんびりと時間と遊んでいた。

鹿港の電動三輪車。通りにタクシーはほとんど見かけなかった

港はどうなっているのだろう。

天后宮で客待ちしていた電動三輪車をチャーターする。この街は三輪車が主役だ。廟と海岸の往復で五百圓は高いのか安いのかわからなかったが、この辺りの相場だろうと乗り込む。廟から真っ直ぐ西に向かう。移民たちの故郷、「唐山（大陸）」の方向だ。廟自体も大陸に向いていることに気付く。

市内を流れる吉安水道沿いに走ると川向こうに、漁船が十数隻停泊していた。三輪車のドライバー、施燦煌《せさんこう》さん（六四歳）は「鹿港の埠頭だ」と説明してくれた。河口沿いの船溜まりに、波止場の面影はなく、後背地は工業用地だった。台南・安平の海岸と同じように、辺り一帯は埋め立てが進んで昔の風景は消えていた。

水道沿いにさらに西に行くと長い防波堤があり、風力発電の「風車」が十基並んでいた。遠浅の海が続き、外海の先は大陸だ。釣り人がパラソルの下で竿に手をかけ、「台湾白海豚（白イルカ）」の看板が見えた。

黄昏の士林夜市に誘われる

台湾を歩いて日が落ちてくると、夜市に行ってみたくなる。黄昏時の誘いにはいつも負ける。屋台の白熱電球が灯りかけて、空との境目が次第に消えていく。

台北市北部の士林夜市は地下鉄の剣潭《けんたん》駅で降りると目の前だ。地上階と地下一階の市場を小吃《シアオチー》店《ディエン》（軽食店）、洋服店、アクセサリー店が取り囲み、路上には屋台が出ている。駅前から市場まで

士林夜市。大鍋料理はおいしいはず、と味覚だけが先走る

寄り道しないで行くのは難しい。フライドチキンの香鶏排《こうけいはい》店《てん》は鶏肉を揚げる油が煮えたぎっていた。射的屋からはエアガンで的の風船を割る音が聞こえてくる。金魚すくいの水槽には小エビも入っていた。紙縒りに針をつけた「釣竿」が七竿で百圓は少しばかり高い気がした。こちらの気持ちを察したのか、水槽の向こうから「釣ったエビは食べられるよ」という声が飛んできた。

市場の地上階はみやげ品、記念品、Tシャツの店が並び、「青天《せいてん》白日《はくじつ》満《まん》地《ち》紅旗《こうき》」をデザインしたバッグもあった。地下の食堂街では、粥《かゆ》、麵、蚵仔《カアズ》煎《ジイエン》（牡蠣のオムレツ）、関東煮（おでん）などが「台湾味道」を競っている。カニをフライにした香《シィアン》酥《スー》螃蟹《パンシェ》は二杯で百五十圓、串刺しのイカは百圓の「統一価格」だった。臭豆腐の強烈さは相変わらずだ。元々は中国・湖南省の郷土料理が戦後になって上海から持ち込まれたといわれる。タイで辛くないトムヤム・クンを出す店があるように、中国人がすべて好きだとは限らない。苦手という知り合いは結構いた。臭いは南部に行くほど薄れていくようにも感じる。その差が大陸との距離感を表しているのではないか、と根拠のない思いにかられる。

士林夜市は門前市が始まりだ。一八世紀中頃に基隆河の渡し場近くに慈誠宮が創建され、廟前の

士林の地下食堂。蟹たちは壮観な姿を見せつけ、売り子も声を張り上げていた

広場に舟で運ばれた農産物などの夜市ができた。一九〇九年に士林市場が開設され、二〇一一年から現在の建物になった。一世紀を越える市場には外国人観光客が目立つ。案内所には大陸の人たちに向けた「人民元での購入はトラブルの元になるので、台湾圓に両替してください」といったパンフレットが置かれていた。日本の団体客も少なくなく、時々「お父さん、はぐれたらいかんよ」といった話し声が聞こえてくる。国旗をブレザーの胸に縫い付けた韓国人は何かの大会で台湾に来たのかもしれない。

台北の人たちは、知名度の高いこの夜市を敬遠しがちだ。食通を自認する友人は「多くは一回限りの旅行客だ。売る方もそのあたりが頭にあるから、どうしても味付けが適当になる。経験の足りない料理人も多い」と話す。こちらは味に敏感な方ではないので、そこまではよくわからない。

高雄の瑞豊夜市。士林の密集度と台南・花園の開放感がミックスしていた

夜市は臭豆腐の臭いと同じように、それぞれに個性があった。

台湾鉄道高雄《たかお》駅と新幹線左営《さえい》（高雄）駅のほぼ中間にある瑞豊《ずいほう》夜市は地元の人が圧倒的に多く、ローカル色一杯だった。近くの高校からか高校生も目立った。狭い通路に若い人たちが集まってくると、空気までが生き生きと弾んでくる。鴨肉を焼く店の対面に水着が飾られ、マキガイの酒蒸し、大根餅、小籠包、アクセサリーに、イチジクの仲間、愛玉子の種にレモンを加えたデザート、檸檬愛玉《ニンモンアイユィ》が加わる。男も女も海鮮火鍋店以外は老若を問わず立ち食いの世界だ。高雄駅南の六合国際観光夜市は出店の揃う通りが広くゆっくりと楽しめるが、上品過ぎた。

台南には花園夜市がある。毎週末と木曜に開かれ、夜空に「地瓜球《ディグワァチオウ》（サツマイモボール）」「香酥鶏《シイアンスージー》（トリの唐揚げ）」「春捲」などの幟がはためく。おどろおどろしい「麻辣鴨血《マーラーヤーシエ》」、異国風味の「蒙古烤肉」といった大看板も加わって、開放感に溢れていた。台北市の南にある景美《けいび》夜市には朝早くから近在で採れる旬の野菜、果物たちが揃う。余所行きの人はほとんどいない。カラスミ（烏魚子）の美味しい食べ方を客に説明する店主には、台湾でも知らない人がいるのか、と思ってしまった。夜になると多くの店が入れ替わるが、「朝市」という言い方は聞かない。「夜市」はやはり、響きがいい。

朝の市場も夜市も台湾の人たちの庶民性が自ずと出てくる場所だが、市場の方がより生活の匂いが強く、夜市は言ってみれば社交場だ。治安がいいことも夜市の魅力の一つとして見逃せない。華やいだ気分にさせてくれる魔法の場所は、祭りなどハレの時だけに立つ日本の夜店と違って、どの街にも毎日のように用意されている。

大安森林公園にアジア人介護者を思う

中正紀念堂から台北のランドマーク「台北101」を目印に東へ八百メートルも歩いていくと、一九九四年開園の大安《だいあん》森林公園に出会う。二十六ヘクタールの広さは市内で最大だ。公園は大半が芝生と樹林で構成され、その合間を縫って幾筋もの散策路がつくられ、縁に沿ってジョギング、ウォーキングコースがある。

この公園は台湾社会を何枚ものスナップ写真で映し出す。

動作がゆったりとした太極拳があるかと思えばテンポの速いダンスを踊る人たちがいる。野外ステージからはバンド音楽が流れ、浮島のある池では鷺《さぎ》、水鳥などを撮影するアマチュアカメラマンがシャッターチャンスを狙っていた。子供たちの遊び場、バスケットコートもある。思い思いに体を伸ばす人、ベンチにゆったりとする人からは、穏やかな小市民の佇まいが伝わってくる。

平日の昼間、公園には車椅子のお年寄りが目立つ。認知症（失智症）が六十五歳以上の二十人に一

大安森林公園の池。案内板には留鳥、渡り鳥合わせて 30 種が見られるとあった

人という統計も出ている。世話をする若い女性たちの多くはアジア各国から働きに来ている。老人対策一つをとっても、台湾だけでは解決困難な問題は少なくない。

政府は二〇一四年十二月、八十五歳以上の外国人介護要件を緩和、食事、入浴などで少しでも不自由であれば申請を認める考えを明らかにした。これまでは寝たきりの状態や日常生活をする上で困難なことがあるなど、国外からの介護者を雇うには厳しい条件があった。新たな指針によって推定で三万五千人が恩恵にあずかるとみられる。

老人介護の主要な担い手である東南アジアからの介護者は現在、外国人労働者全体の四割を占める二十万から二十二万人にのぼる。公的な介護施設が不足しており、家庭に入ってお年寄りの面倒を見るケースが多いという。三年間の就労許可を得るためには自国で介護、中国語などの研修を受ける必要がある。現行では期間が満了すれば国外退去しなければならないが、雇用主の申出があれば引き続き働けるよう法令改正審議も進んでいる。香港のようにアマ（阿媽）と呼ばれる家政婦の求人はそれほどではない。

介護の女性たちはインドネシア国籍が八四パーセントと圧倒的多数を占める。英語力のあるフィリピン人は先端工業などに職を見つけることが容易で、介護を志向しても金銭的な条件で勝っている中東へ向かう傾向が強い。ベトナムからの労働者も少なくないが、労働条件をめぐって就労先とトラブルを起こす事例も目立つ。台湾にとってインドネシアは越比両国に比べて、南シナ海の領有権紛争、黒マグロ漁の操業摩擦など外交問題に発展しかねない利害関係がないことも大きい。

公園の車椅子老人たち。介護者同士、母国語での会話が弾んだ

介護要件緩和は新たな問題を提起する。インドネシアでは「労働力輸出」への反対は根強く、政府高官が数年後に禁止措置を採るかもしれないという話も伝わってきている。台湾ではインドネシアに代わる新しい労働市場を探すべきだという意見も出ているが、そう簡単に見つけられる話ではない。

アジアの労働力輸出問題は、先進地域と発展途上地域との問題でもある。途上国が次第に国力をつけていけば、自国産業に回せという声は大きくなることはあっても小さくなることはない。台湾だけでなく日本を含めて高齢社会に入りつつある先進地域にとって、海外に依存するだけではない介護システムの確立が喫緊の課題になる日は、案外早いかもしれない。

公園の西は市道を挟んでイスラム寺院の台北清真寺がある。国民党軍回教部隊が台湾に逃れて創建したという謂《いわ》れを持つ寺は、インドネシア、マレーシアなどから来た女性信者専用の拝殿を二階に設ける。インドネシア人信者の集会が開かれる毎月の第二日曜、昼下がりに連れだって祈りに向かう彼女たちの姿があった。

古坑のコーヒーは檳榔樹の下に育つ

日本統治時代に日本人街ができた台北の西門町については前に書いた。地下鉄の西門駅を出て成都路を歩いていると、甘いコーヒーの香りが漂ってきた。台湾にいるとまず台湾茶になってコーヒーは嗜好品としては「二番手」の扱いになりがちだが、愛好家は多い。

通りにはコーヒー店が二つ並んで店を構えていた。蜂大綜号店は一九五六年コーヒー器材専業店としてオープンしたとある。店先に各種の豆を置き、骨董店で見かけるような豆を挽く道具、サイフォンなどを陳列している。喫茶室は店の奥と二階だ。メニューを見る。知ったコーヒー豆にどういう漢字があてられているかも興味があった。「藍山Ｎｏ１」はブルーマウンテンで一杯二百圓とまさに高級品だ。普通の藍山も百五十圓と高く、店のブレンドコーヒー（蜂大綜合）、モカ（摩卡）、ジャワ（爪哇）、コロンビア（哥倫比亞）などはすべて八十五圓だった。

「台湾咖啡」は阿里山コーヒーだった。一杯百五十圓は需要と供給の関係か。迷わず台湾コーヒーを注文する。ウエイトレス兼レジ係の小姐《シアオジエ》が淹れたてのコーヒーを運んできてその場で現金払いだ。「小姐」という言い方は相手の年齢を気にせず、若い女性からそれこそ老女にも使える便利な言葉だ。「阿里山」は苦味がしっかりとして申し分なく、静かに一人で味わう人の仲間入りをして、いわば無為な時を楽しむ。クラッシックが流れているが、名曲喫茶のような静まり返った空間には程遠く、グループで来ていた人たちの弾む声が少しばかり大きくても問題なかった。紅茶組は店内にいたかどうか。台湾紅茶は日本時代に中部の山間部で生産され、二一世紀に入って復活の兆しが出てきたが、コーヒーのようには普及していない。中国・安徽省《あんきしょう》のキーモン（祁門）紅茶、雲南省の滇紅《しんく》などの名品を好む人がいるように、ファンが増えてくる可能性はある。

大稲埕《だいとうてい》・迪化街《てきかがい》の爐鍋咖啡《ろかコーヒー》店はレトロ風建物の二階にあった。台湾産のコーヒーはここでも「阿里山」だった。コーヒーの入ったポットとカップの他に、中国茶を飲むときにまず手にする聞香杯と同じような小さく細長いカップがついていた。小姐はコーヒーの香りを楽しんでくださいと説明してくれた。

二〇一一年四月のオープン時のポスターは「大稲埕にコーヒーの香りが漂い、アーティスティックな風が自由に吹き、百年の町並みは人々の記憶に残り、時空を超えて未来の古典となる」といったメッセージを発する。時折、間奏曲のように豆を挽く音が聞こえてくる。「反核福島」の旗が懐かしかった。

観光客の多い永康街も一歩裏通りに入ると普通の喫茶店が並ぶ。常客は近くの台湾師範大学、淡江

台北の喫茶店。コーヒー愛好家が増え、喫茶店文化も生まれてくる

大学などの学生たちだ。ゆったりと時間を使える雰囲気に訳もなく、ガロの「学生街の喫茶店」を思い出す。パソコン派が圧倒的で本を手にする若者は数えるほどだ。「時は流れても」同じような夢を見ているかもしれない。

台湾のコーヒー店は昔ながらの雰囲気を保った店のほか、スターバックスコーヒーなどの現代風の店も勿論多い。どちらを好むかはそれこそ「ＴＰＯ」だろう。香港の若者のことを思う。香港にはスターバックスコーヒーはあっても普通の喫茶店はほとんどない。ネットなどで台湾のコーヒー店事情を知り、台北郊外などでの開店を計画する人が増えてきたという。中国に対する失望、将来への不安に加えて、世の中が変わっていくスピードに違和感を持ち、文明の進み具合が少しばかりゆっくりしている方が豊かさを実感できると考える世代だ。

コーヒーがいつごろ台湾に持ち込まれたかについては諸説ある。一九世紀後半から二〇世紀初め、清の光緒年間に英国人茶商が立ち寄り、風土が中南米に似ているとして苗木を植えたのが始まりという話がある一方で、平野久美子氏の『台灣好吃大全』（新潮社）はオランダ人説を採る。

「コーヒー栽培は（中略）オランダ人の置きみやげとも言える。彼らはバタビヤから苗木を取り寄せて、北回帰線が通る雲林県古坑《ここう》の丘陵地で栽培を試みた。この地は水はけがよく土壌も合っていたので、コーヒーはたちまち輸出品となって、東インド会社のふところを潤す」

初めてのコーヒーの木が古坑に持ち込まれたかは決定的な資料を持ち合わせないが、古くからの栽培地であることは確かだ。コーヒーの古里を訪ねてみるのも悪くない。

台湾鉄道斗六《とろく》駅からバスに乗り、古坑の市街地を抜けて南に三十分行くと、山間の古坑郷華山村に着く。広場には三十を超すコーヒー農園の看板が立っていた。通りの一角にある戯説故事咖啡館に入ると、店長の陳姚汝《ちんとうじょ》さんが古坑のコーヒーについて「アラビカ豆が主流で、海抜千メートルほどの山で採れる硬い豆と、その下の山で採れる二種類ある。苦味の中に柔らかな甘みがある」と話してくれた。

古坑のビンロウとコーヒー畑。その取り合わせの妙に感心する

古坑の山は戦前、台湾総督府によって三百ヘクタールのコーヒー園が整備され、主に日本に向けて輸出されていた。当時はまだ、台湾の人たちにコーヒーを飲む習慣はあまり根付いていなかった。戦後は荒れるに任せていたが、十年ほど前から復活する。

コーヒー生産に係わった人たちの経験談などをまとめた『台灣咖啡的郷愁年代』は、冒頭に古坑郷（郡）の林彗如《りんすいじょ》郷長の話を載せる。「日本統治時代も戦後も（古坑の）コーヒーは極東最大だった。しかし一九七三、四年ごろに加工工場は閉鎖され、コーヒー園も荒廃したままスタッフも離れていった。十年が過ぎ、二十年が過ぎ、三十年が過ぎて…。かつてのコーヒー園経営者の子息らが辛苦を重ねながらコーヒー園を守ってきた。二〇〇三年になってコーヒーフェスティバルが開催され、台湾コーヒーがブームを引き起こした」といった内容だった。

山に入り、ビンロウ（檳榔）とコーヒーを育てる岑美欣《しんみきん》さんの畑を歩いた。高さ二メートル前後のコーヒーの木はどれもがビンロウの下に植えられていた。十月から年末まで、七、八年生の木から実を採る。彼女は「二つとも同時に始めて十一年になる。畑の広さはどのぐらいかしら、コーヒーは五百本くらいはあるはず。檳榔樹の下に植えたのは、そこが空いていたから」と素っ気なかった。コーヒーの木は日陰を好むと聞いているので大木の下がちょうどいいのでは、と尋ねると「太陽の光はあまり関係ない」と、今度は笑顔を見せてくれた。帰りがけに彼女の店に立ち寄ると、家人が一人、プラスチックのたらいに入った豆を丹念に選別していた。

VI

海峡は国境化していく

香港を支援する集会。大陸とは別の道を歩む台湾は、香港への関心が高くなっている

故宮博物院の至宝は大陸に返すべきか

台湾からの故宮博物院展が二〇一四年東京国立博物館で開催され、至宝の「翠玉白菜《すいぎょくはくさい》」が二週間限定で海を渡った。台北では期間中、「清珊瑚魁星點斗盆景《しんさんごかいせいてんとぼんけい》」「清乾隆金甌永固杯及玉燭長調《しんけんりゅうきんおうえいこはいおよびぎょくしょくちょうちょう》燭台《しょくだい》」「十七世紀西洋雕木高足套杯《ちょうぼくこうそくとうはい》」が交代で展示される。普段は見られない逸品だけに、金杯と燭台、神聖ローマ帝国時代の入れ子式の杯を見に行く。珊瑚の作品は展示日が分からず見逃してしまった。いずれも精緻を極めたという表現を超えた世界にあった。中国だけでなく西洋から渡来した収蔵品も含めて、いったいどれだけの至宝があるのか。

故宮博物院は清朝最後の皇帝溥儀《ふぎ》が北京の紫禁城から追放された翌一九二五年十月十日、同城内に開設された。宋、元、明、清の歴代王朝の百万点を超すコレクションがあったといわれる。三一年の満州事変勃発後、日本軍は中国北部へ侵攻する。三四年、精選された故宮文物二万箱は日本軍から守るために南京に運ばれ、さらに四川省へと避難する。第二次大戦後、文物は再び、南京と北京に戻されたが、国共内戦が激化、国民党政府は台湾への移送を決定した。故宮博物院（台湾）のホームページは、台湾に渡った文物は紫禁城から当初南京などに移された文物の二二パーセントと伝える。

同博物院が編集した故宮文物創刊号（日本版）は「収蔵文物の総点検について」に収蔵総数を六十四万五千七百八十四点と記録する。「翠玉白菜」は紹介文に「翠玉は耀玉類に属するナトリウムとアルミニウムの珪酸塩で、雲南省からミャンマーの産地で産する。純度の高いものは白色だが、ク

故宮博物院前で記念写真を撮る大陸観光客。引率するガイドの小旗には中国各省からの名前があった

ロームが含まれると、美しい翠緑色を呈する。これを『翠』と呼ぶ。また赤褐色を呈するものが多いが、それは鉄分を含むためで、俗に『翡』と呼ぶ。（中略）歴史的には翡翠の彫刻は極めて少なく、多く採取されるようになったのは、明・清の時代になってからである。一九世紀に清廷の皇太后（訳注・西太后）が、これを好んだから、翡翠の価値が高まり、製作量も増大した。（中略）瑾妃《きんぴ》（光緒帝の妃、筆者注）が嫁入りにあたって持参したものであろう。（後略）」と解説する。

　大陸に残された逸品の多くは紫禁城内の故宮博物院（北京）に収蔵されている。二〇一二年に東京で開催された北京故宮博物院二〇〇選の案内には、中国・北宋の都開封《かいふう》の都城内外の賑わいを絵巻物にした「清明上河図」はじめ百八十万件以上にのぼるとある。

　台北市北部の士林地区にある故宮博物院は中国からの観光客が多かった。有名な展示物を中心にガイドの説明に従い、賑やかに見て回る人たちに、「町の市場のようだ」と揶揄する新聞記事も出るほどだ。こちらは、一団が見終わって次の一団が来る間隙を縫っての見学だ。「翠玉白菜」に代わるものにも特別の関心はないように思えて、助かった。

二〇一三年の総来場者は四百五十万人だった。大陸からは四四パーセントの百九十七万人を数え、台湾人を十三万人ほど上回る。日本人は三十九万人が訪れた。大陸の人が台湾に入るには、中国の公安当局が発行するパスポートに相当する大陸居民往来台湾通行証と台湾側が発行する中華民国台湾地区入出境許可証、簽証（ビザ）が必要だ。台湾から大陸に行く場合は台湾居民来往大陸通行証（カード式台胞証）の提示を求められる。

参観料は一四年七月に改正され、台湾の人たちは一律百五十圓のままだが、台湾人を除く一般客は百六十圓が二百五十圓になった。百圓から二・三倍の二百三十圓に引き上げられた団体料金は、中国旅行者の増加と無縁ではなさそうだ。「大陸の団体客は安過ぎる」という台湾人の声に応えたのかもしれない。

中国語の館内案内図は繁体字《はんたいじ》だが、いずれは簡体字《かんたいじ》版も必要になるという声も出てくるだろう。繁体字と簡体字の読み方は同じ漢字でも結構難しい。簡体字を使う大陸の人たちは多くは元々の字を知らないから、案内図を見てもよく理解できない。台湾の人も簡体字を読むには漢字の崩し方にルールがないから、一字ずつ覚えないといけない。大陸客がよく利用する桃園国際空港をかかえる桃園市は簡体字のパンフレットを作成しているという。簡体字を使うだけで中国のスパイと疑われた時代があったことを思うと、まさに様変わりだ。

至宝は故宮だけに限らない。台北市東部、南港《なんこう》地区にある中央研究院歴史語研究所歴史文物陳列館にも中国古代文化を代表する収蔵品が揃っている。中心部から地下鉄とバスを乗り継いで小一時間もあれば十分だが、大々的な宣伝は行われていないためか、観光客の参観者はほとんど見かけない。

中央研究院は国民党政権が大陸を支配していた一九二八年（民国一七年）、南京に設立される。蒋介石の台湾敗退に伴って台北に移設され、いまも最高学術研究機関として人文科学、生命科学、地球科学、情報科学など多岐に亘る研究が続けられている。歴史語研究所は中央研究院の付属機関として発足、五八年に歴史文物陳列館の前身である考古館が落成した。

陳列館は一階の考古部門、二階の歴史部門で構成されている。考古部門には紀元前二千六百年から紀元前二千年の龍山文化、紀元前一四世紀後期から前一一世紀中葉の殷《いん》（商）、更には西周、東周の時代の発掘物が展示されている。

陳列ケースにはいくつもの甲骨文字が並んでいた。亀の甲羅、あるいは牛、鹿の骨だろうか、漢字のオリジナルが図案化されたように刻まれている。「甲骨文字」という言葉を知っていても、そのことと現実に目の当たりにした甲羅上の存在とは一致しない。これは確かに自分の知識が具体的な形になったものだと納得するまで、一瞬の間があった。中国の文物に限らず、絵画にしろ、陶器にしろ、書にしろ、どんなに古い作品であっても、いまも同じ形態の作品を身近に見ることができる。そこに時間的な空白はない。甲骨文字は違っていた。

陳列館で開かれた甲骨明星展のパンフレットによると、商朝晩期の殷墟《いんきょ》（現在の河南省安陽市小屯村）が一八九九年に発見された後、一九二八年から同研究所が中心となって発掘調査が行われた。甲骨二万五千点は世界の博物館等で最多とあり、他に龍山文化の「卵殻黒陶高柄杯」、殷商王朝を滅ぼした西周の「獣面甲飾」、東周の「水陸攻戦紋鑑」などを収蔵する。歴史部門には、漢代の辺境地域の要塞跡から出土した木簡、唐宋代の拓本、清代の記録などが収められている。

中正紀念堂西にある台北植物園の一角を占める歴史博物館は、洛陽の埋葬地から出土した唐三彩の武人俑《よう》、女官俑、駱駝《らくだ》、馬などが見逃せない。他にも土器、青銅器、石塔など、戦前の河南省立博物館収蔵品を中心にした貴重な文物を見ることができる。

台湾にとって「故宮」はどのような意味を持っているのだろうか。

中華文化は大陸ではなく台湾に受け継がれているとする見方がある。故宮の存在がそうした考え方のバックボーンになっていることは確かだろう。朝日新聞日曜版・グローブの二〇一三年四月七日付け特集、中華世界に、当時の龍應台《りゅうおうたい》・文化部長（文化相）がインタビューに答え「大陸出身の友人を清明節の墓参りに連れていきました。…でも宗教的な儀式を共産党政権が破壊したので、お焼香の仕方も知らず、ただ泣くしかなかった。…台湾では千年以上続く中華の伝統が生活に生きている」と語っている。特殊な例かも知れないが、大陸の人たちと連綿と続いてきた伝統との乖離を示す一端のようにも思えた。中国各地から故宮を訪れる人たちの態度に重ね合わせていくと、彼らがどのような歴史文化教育を受けてきたのだろうかと思わざるを得ない。

蒋介石がこれらの至宝を台湾に持って来なかったらどうだったかとも想像する。日中戦争、国共内戦、文化大革命によっていくつもの宝が消えても不思議ではなく、台北にあったからこそ保存できたという話はよく聞く。一方で、国民党はこの至宝の裏付けをもって政権の正統性を主張できたのではないかという思いは残る。彼が台湾まで運んできた理由の一つに、青史における歴代王朝からの継続性という意識があったのではないか。

「故宮」に対する評価は台湾の人たちにとっても難題のようだ。「中華民族の宝が台湾にあることは誇りだ」と考える人に、台湾に至宝があるからこそ大陸は攻撃してこないという見方をする人もまたいる。台湾が台湾で在るが為に、美術品を大陸に返すべきだという意見にも出会う。こうした発想は台湾海峡が国境化していくという思考へと繋がっていく。台湾に故宮がなければ、台湾は大陸とは比較にならない普通の島だ。大陸との大きな柵《しがらみ》がなくなり、より自由に身軽に動くことも可能になる。首都早報の立ち上げに携わった李義仁《りぎじん》氏はその一人だ。「台湾人のものでなく、大陸の人たちのものだ。ただ、いまは返却すると申し出ても、難しいだろう。中国からは偽物を返したと言われるかもしれない」と、冗談とも本気とも受け取れる言い方だった。

台湾の「中華民国」はあくまで蒋介石の中華民国だ。一九四五年十月の光復節に台湾に中華民国が生まれ、四九年十二月の蒋介石の台湾撤退によって、台湾だけの中華民国が再生する。翌年六月の朝鮮戦争勃発直後、米国は台湾海峡の中立化を表明、台湾を守る姿勢を鮮明にした。米国の全面的な支援がなければ、中国共産党によってほどなく「解放」され、中華人民共和国の台湾省になっていたはずだ。いまのような大陸と台湾の複雑な関係は生まれなかった。

蒋介石は台湾と大陸を「大陸反攻」という形で繋ぎとめた。同時に、台湾は大陸とは異なる独自な存在だという発想を、独立した島の中で確固たるものとする時間を台湾の人たちに残したともいえる。歴史の巡り合せというか、不思議さを感じる。

七五年に死去した蒋介石はいま、台北から南西に車で一時間の桃園市慈湖《じこ》の山裾に眠る。総統蒋《そうとうしょう》公陵寝《こうりょうしん》は地名にもなった小さな池のほとりにあり、慈湖陵寝《じこりょうしん》とも呼ばれていた。生前、故郷の浙江省に似ているといって愛した場所は、大陸に立派な墓所を造営するまでの仮の安置所になった。

慈湖を九八年に尋ねた。李登輝氏の総統再選から二年後だ。公道から三百メートルほどのところに、赤レンガと白の漆喰が鮮やかな四合院様式の建物があった。銃剣を手にした兵士が門を守り、遺体は黒い花崗岩に収められ、奥まった中央に安置されていた。十字架が新しい白菊に包まれ、夫蒋介石の安らかな死後を祈って妻宋美齢《そうびれい》が手向ける「介兄夫君安息　美齢敬輓《けいばん》」と書かれたリボンが添えられていた。白菊は毎朝替えられると聞いた。

死後四十年の二〇一五年に再訪する。墓所を守る森こそ大きく深くなっていたが、陵寝の佇まいにも警備の衛兵にも変わりはなかった。白菊に美齢のリボンがなかったことだけが唯一、歳月の流れを感じさせた。

陵寝から歩いて十分ほどの所にできた慈湖紀念雕塑《ちょうそ》公園は、各地の学校、役所などから撤去された蒋介石像が林立していた。杖を持って立つ蒋介石、椅子に座り書を手にする蒋介石、軍服姿の蒋介石、立像から胸像まで、ありとあらゆる蒋介石がいた。圧倒されたと言うべきか異様と感じたと言うべきか。案内板には高雄市小港区鳳林国民中学、台北市政府公務人員訓練中心（センター）、台東県鹿野郷公所（役場）といった学校、公共施設のほか、陸軍部隊、個人など、百七十六体の「出身地」が網羅されていた。蒋経国、孫文の像が一、二体あったが、それでも優に百七十は超えているだろう。「像を撤去せよ」という住民の強い意思があったのか、あるいは校舎の増改築時に処分されたのか、運び込まれた理由は定かではない。桃園市長は「不要になった像はみな、こちらに運んできて

慈湖公園の蒋介石像群。ふと、中国・西安の兵馬俑を連想する

ほしい」と述べており、これからもさらに増えていきそうだ。駐車場には大陸客を乗せた大型バスが何台も駐車していた。この日は山東省、湖南省、新疆《しんきょう》ウイグル自治区からの人たちだった。

蒋介石像は街中ではなかなか出会わなくなった。雨港・基隆の駅前ロータリーにある立像は雨合羽（レインコート）を羽織っていることで知られていた。いまは周囲をすっかり木立に囲まれ、歩道橋の上からでもその気にならないとわからない。建立当時はどこからも見えたはずだ。樹木の生長にまかせているのか、意図的に枝を切らないのか。台北市の永康公園にある小さな胸像は一五年二月二十七日、白のスプレーがかけられ、赤いペンキで「勿忘二二八（二・二八事件を忘れるな）」と書かれていた。何者かが二二八事件記念日を前に落書きしたのだ。胸像は翌日、顔がきれいに拭かれ、落書き部分にはチラシなどが貼られていた。蒋介石を批判する人がいる一方で、礼賛者もまた少なくないということだろう。被害はこの公園だけでなく中正紀念堂の座像など全国で三十体以上に及んだという。「蒋介石」への思いの落差は、台湾人の大陸への思いの落差に通じているのかもしれない。

海峡両岸は国際関係ではないのか

毎年の十月十日、台湾に青天白日満地紅旗《せいてんはくじつまんちこうき》が翻る。中華民国の建国記念日（双十節）は辛亥革命の発端となった一九一一年武昌起義の日だ。孫文は二か月半後の一二年一月一日、臨時大総統に就任、国名を中華民国とする。返還後の香港では限られた所しか掲揚できず、肩身の狭い思いをしていた旗も、ここでは堂々と思う存分に掲揚されていた。

二〇一三年のこの日、台北の総統府前で厳しい規制の中で記念式典が行われた。国民党の馬英九《まえいきゅう》総統は挨拶で中国との関係について初めて「両岸関係不是国際関係（両岸関係は国際関係ではない）」という言葉を使った。「一つの中国」というこれまでの立場をより具体化させた発言だった。

同総統の大陸政策は、一九九二年に台湾の中国に対する民間窓口機関である海峡交流基金会と中国側の海峡両岸関係協会が「一つの中国」を確認したとされる「九二コンセンサス（共通認識）」を基に、「一中各表（一つの中国についての解釈は海峡両岸各自に委ねる）」という考え方だ。中国は「一中原則（双方とも一つの中国を堅持する）」と分かり易い。両者の会談は二〇〇〇年、行政院大陸委員会の蘇起・元主任委員が明らかにしたもので、香港で行われたという。合意文書の存在は明らかになっておらず、当時の李登輝総統（国民党）が否定、民進党も認めていない。

中国は中華人民共和国、台湾は中国の付属ではない、などと書かれたプラカード。漢字だけのプラカードはインパクトが強かった

中台関係が国際関係でないとするならば、一三年十月に行われたアジア太平洋経済協力会議（APEC）での蕭万長《しょうまんちょう》前副総統と中国・習近平《しゅうきんぺい》国家主席の会談は「国内関係」の中での話し合いだったという解釈も成り立ってしまう。

一四年二月、台湾と中国はこの国内関係という前提に立って、南京での政府間公式会談に臨む。台湾の王郁琦《おういくき》・行政院大陸委員会主任委員と中国の張志軍《ちょうしぐん》・国務院台湾事務弁公室主任は各部局の連絡を密にすることで合意、中一日置いた上海の懇談では将来の首脳会談についても触れた。中華民国・国民党政権は一九四九年の台湾移転後、中華人民共和国と六十五年振りに同じテーブルについたことになる。

双方の思惑は異なる。台湾は中華民国代表としての訪中であり、この年秋に北京で予定されていたAPECで、馬英九総統が習近平・中国国家主席と会う青写真を持っていた。中国にとってはあくまで中国の一部である台湾代表との南京会談だ。大陸の主要メディアが王主任委員に使った「台湾方面大陸委員会負責人」という呼称がその辺りの事情を説明する。トップ同士が話し合う時期としてAPEC北京会合はふさわしくないとの考えも伝える。台湾が国際会議での首脳会談によって「国家」として認知される場を得ることを警戒する。

馬総統はどのような肩書きでAPECに出席するつもりだったのか。「中華民国総統」はまず、中国が容認しないだろう。国際会議、オリンピックで使う「中華台北」の代表では、他の参加国に国家としての存在を自ら否定しているとも受け止められかねない。総統は二〇一五年十一月、中国の習近平国家主席とシンガポールでの首脳会談を実現させる。台湾側のコメントは「両岸関係を強固にし、台湾海峡の現状を維持するため」であり、中国側は「両岸の指導者としての身分と名目で会談する」というもので、二つの国家の元首同士による会談ではない、とする意図が明確だった。あくまで「一つの中国」という枠内での会談ということなのだろう。

しかし、台湾の人々はすでに国家の論理とは少し違ったところで暮らしており、国を動かそうとする人たちとの考え方の乖離が、抜き差しならない状況に向かっていく「危険性」さえ秘める。

両者の政府間会談は一五年五月にも台湾海峡の金門島で開かれ、中国が主導するアジアインフラ投資銀行（AIIB）に台湾が参加する場合の名称問題などを協議した。同島は〇一年から対岸のアモイ（厦門）との間に定期船の運航が始まり、毎年二十万人近い大陸客が訪れる。島の水不足解消に大陸からパイプラインを引く計画もある。中国側の張《ちょう》志《し》軍《ぐん》代表は「同じ家の人間として同じ水を飲もう」とも言ったという。金門島を会談場所に提案したのは中国側といわれる。この島を選択した習近平政権の意図はどこにあったのか。忘れかけていた「金門島」の意味を改めて考えてみた。

金門群島はアモイの東海上十キロに位置し、台湾本島からは二百七十キロも離れている。大金門島、小金門島など十二の島からなり、面積は百五十平方キロほどだ。国民党軍の対大陸最前線基地は、一九五八年八月末から十月初めにかけて中国・人民解放軍から激しい砲撃も受ける。「金門砲戦（八二三砲戦）」と呼ばれる戦闘だ。

中国は四九年の建国後、台湾の武力解放を試みるが、翌五〇年六月の朝鮮戦争勃発で台湾海峡沿いに配備していた兵力を北朝鮮支援に充てざるを得なくなる。五三年の停戦後、再度海岸部に飛行場などの軍事施設を整え、五年後の八月二十三日、金門島への砲撃を開始した。戦闘は第七艦隊派遣など米軍の全面的な支援を受けた国民党軍優勢に推移し、中国は十月五日、一方的に攻撃中止を発表する。当時の両軍戦力は国民党軍が勝っており、中国は五六年にソ連で起きた「スターリン批判」後の関係悪化によって軍事支援を受けられなくなっていた。

中国はその後も散発的な砲撃を続けるが、徹底的な軍事作戦は展開しなかった。米国との全面的な戦争状態になることを避け、むしろ関係修復路線へと切り替えていく。米中両国は七九年に国交を樹立、金門島攻撃は完全に終わった。

金門島は孫文が中華民国を建国して以来、北に位置する馬祖島《まそとう》と共に日本の植民地にも中国共産党の支配下にもならなかった島だ。一九四〇年、国民党政府が「国父」の尊称を発令した孫文の「国」が無傷で残っているという言い方もできる。

国父紀年館は台北市の東部にある。二〇一三年の双十節では「中華民国国慶特典」として廊下の陳列ケースに革命前後の写真、孫文の手紙などを展示しただけだった。華やかな雰囲気はなく、回廊では若者たちがストリートダンスに熱中し、中国では非合法になっている宗教団体、法輪功の信者が黙想していた。空には子供たちの凧が揚がっていた。

紀念館は一八六六年生まれの孫文生誕百年を記念して計画され、蔣介石が死去する三年前に完工する。いまでこそ台北市政府が移り、「台北101」も生まれ、台北の新しい顔ともいえる地域になったが、当時は取り立てて見るものはなく、中心はあくまで総統府を中心とする旧市街だった。一九八〇年に旧日本軍台北山砲隊・歩兵第一連隊駐屯地跡に建設された中正紀念堂は国父紀念館の二・五倍の広さだ。

二〇一四年二月、台南市中心部のロータリー、湯《ゆ》徳《とく》章《しょう》紀念公園の孫文像が台湾独立派の人たちによって引き倒されるという事件が起きる。公園はかつて大正公園と呼ばれ、台湾総督、児玉源太郎の像があったが、国民党政権になって「孫文」に代わった。像は老朽化が進み、民進党市長が移転の意向を表明したものの国民党市議らが反対していた。

台南の孫文像は台座だけになった。「天下為公」を残して、いつまでこのままなのだろうか

孫文だけは聖域と思っていた。暴挙なのか、あるいは先駆的な行動だったのか、人々の反応は思いのほか冷静だった。メディアも「大事件」といった扱いではなかった。台湾社会は、国父を論語にい

う「敬して遠ざける」的な意味合いで相対視できるほど、柔軟な思考を持ち始めているということだろうか。

公園の隅には名前の由来となった湯徳章弁護士の小さな胸像があった。日本人警察官と台湾の女性との間に生まれ、中央大学を卒業後、台南に戻り弁護士活動を続ける。二・二八事件処理委員会で事件を扱うが不当逮捕され、翌日刑を執行される。逮捕、拷問にあっても最後まで友人らの名前を明かさず、銃殺の瞬間も跪《ひざまず》くことなく「台湾万歳」を叫んだ。

学生たちは立法院を占拠した

二〇一四年三月十八日夜、立法院（国会）が百人を超す学生らに占拠された。前年六月に中台双方の窓口機関が締結したサービス貿易協定の立法院承認審議で、与党国民党が野党民進党との間で合意していた条文ごとの委員会協議を打ち切り、本会議にかけようとしたことへの抗議だった。議場内正面に掛かる孫文の肖像画の前で「立法院だけではなく、全台湾の問題だ」と訴えた行動は、学生たちが黄色のリボンを身につけていたことから「太陽花学運（ひまわり学生運動）」と呼ばれた。

立法院は日本統治時代の台北第二高等女学校校舎を再利用しており、議場はそれほど広くない。議長席と議員席の空間は学生たちが思い思いに腰を下ろし「解放区」になった。「馬英九恢復戒厳（国民党の馬英九総統が戒厳令を復活させた）」といったスローガンが掛かり、学生の代表らがテレビのインタビューに応じている。疲れ果てて横になる女学生もいた。玄関屋根には二階窓から飛び降りた学生らが「人民議場」「堅持民主」の垂れ幕を降ろし、「青天白日満地紅旗」を上下逆さに掲揚していた。敷地内に座り込む若者らも「国家是人民的（国家は市民のもの）」などのプラカードを持ち、通路を作らせなかった。鉄柵をテレビ局の中継車が取り囲み、その外側の道路を学生、市民らが埋める。所々に置かれたプラスチック製丸椅子は中央にヒマワリの花が数本ずつ挿してあった。

周辺の通りは各地からの応援物資がテント内に積み上げられ、救護班が生まれ、学生らは大きなビニール袋を持って整然とごみ処理にあたっていた。昼食時には差し入れ弁当が座り込んでいる人にも取材グループにも配られる。見物に来た人にも分け隔てなかった。

プラカード、スローガンは「自己的国家自己救（自分の国は自分で救う）」「此時不抗議以後做奴隷（いま抗議しなければ以後は奴隷になるかもしれない）」と強烈だ。現場の状況は、逐一メールで発信される。議場内の動き、声が瞬時に台湾だけでなく、香港、大陸、欧米に伝わり、共鳴の輪を広げている。香港の民主派グループがかけつけ、大陸からエールを送るネット友達の発言がテレビのテロップで、あるいは翌日の紙面に掲載される。市民グループ、中小企業団体なども加わった座り込みの人たちと警官隊との対峙は一週間、二週間と続いた。

学生らの抗議活動に台南、高雄など各地の大学が呼応した。台南の成功大学では占拠二日後の十日夜、広さ百五十平方メートルほどの南榕《なんよう》広場に五千人を超す学生、市民らが集まり、キャンドルに見立てた携帯電話の灯りを振り、台北にエールを送った。

学生らの議場占拠という事態は、政府・国民党にとって想定外だった。一三年十月の双十節の日には多くの若者が協定の撤廃を求める集会に参加したものの、まとまった学生運動はほとんどなく、虚

立法院を占拠する学生たち。突き詰めた表情の若者は思いのほか少なかった

を突かれた。学生らも簡単に占拠できるとは思っていなかった。占拠当日夜の抗議デモに対応する立法院の警備体制は脆弱だった。

事態打開に総統の選択肢は限られていた。当初から立法院での委員会協議に戻るしか策はないと思われたが、撤回を要求する学生たちが納得するかはわからない。政府が立法院近くの行政院（内閣）ビルに入り込んだ一部学生を強制排除して二百人近いけが人が出たことも、事の是非を問う前に「鎮圧」批判になって跳ね返り、運動を勢いづけた。三十日の全島抗議集会には、主催した学生側の発表で延べ五十万人の市民らが集まり、馬総統の立場を一層苦しいものにした。

二十三日間にわたった占拠は四月十日、学生たちが中台交渉を外部から監督する条例の制定という王金平・立法院長の裁定案を受け入れて収拾する。協定の締結の遅れは馬英九総統・与党国民党にとっては痛手となった。

馬総統が立法院での強硬策に転じた背景には、調印から一年近くたってもまだ、与野党の話し合いが続いている状況への苛立ち、焦りがある。記者会見で中国側の早期発効への圧力を否定したが、どうだろうか。協定反対の民進党にしても議事を長引かせるだけしかなく、占拠事件でようやく息を吹き返したというのが正直なところだ。

台湾と中国のサービス貿易協定は医療、金融などの市場で、中国側は台湾の医療機関が開設できる都市の拡大など八十項目、台湾側は銀行への中国資本の二〇パーセントまでの出資を認めるなど六十四項目を開放する取決めだ。台湾では当初から、出版、印刷、美容などの中小企業は大陸の資金力によって潰されるという不安と、内容が調印に至るまでに十分開示されなかった不透明性を指摘する声があった。広告代理業への参入は広告収入に頼るメディアの言論支配に繋がるとする意見も強かった。

学生たちとそれを支える市民たちには、なし崩し的に台湾の大陸化を招くという思いがある。大陸との文化交流は益々活発化し、台湾で流行る歌は大陸でも流行り、台湾歌手も活発に大陸公演を続ける。人気歌手、周杰林（ジェイ・チョウ）の北京公演には多くのファンが集まり、その様子は台湾にテレビ放映される。経済的な結びつきは太くなり、百万人を超える台湾人が上海、広東省などに暮らす。大陸の女性が台湾人男性と結婚する「大陸花嫁」は四年が経過すれば各種選挙権が得られる、将来、台湾の帰属問題を住民投票で諮ることになった場合などに影響は出ないのかと危惧する向きもある。大陸からの観光客は引きも切らない。

議場に押し入って占拠といういわば超法規的な手段は民主社会とは相いれない発想だ。台北地方検

立法院前の座り込み。ボランティアから毎日のように新鮮なヒマワリが届くと聞いた

察署は一年後に学生ら百十九人を公務執行妨害罪などで起訴した。市民の一人はしかし、「台湾はいま、日本の明治維新と同じような時代です。民主的な社会になってきたといっても、戒厳令が解除され、李登輝総統が登場してからまだ四半世紀しか経っていない」と熱っぽく擁護する。

台湾はこの二十五年に、いくつかの市民、学生のうねりを経験している。最初は一九九〇年の野百合学生運動だった。李総統の民主化政策に続いて民進党の陳水扁氏が二〇〇〇年に総統に選出され、「台湾人の台湾」という意識が広く社会に広がっていった。父祖の代に話された福建語（閩南《びんなん》語《ご》）から派生した台湾語の歌が流行し、テレビのチャンネルを回せば台湾語の番組に事欠かなかった。国民党の政治家が学校で習い覚えた普通話（北京語）で演説すればヤジが飛び、香港生まれの馬英九氏も「最近、台湾語が少しばかりうまくなったな」と揶揄された。

〇八年、国民党が政権を奪取、馬英九総統が中国の陳雲林・海峡両岸関係協会長を招聘、大陸との関係改善に動き出すと、抗議する学生らの「野草莓学運（野いちご学生運動）」が起きる。一三年夏には若い兵士が兵舎内のしごきで殺害され、国防部の真相究明が遅々として進まない中、市民らの抗議追悼集会が開かれた。学生、市民らが受け継いできた自由への思いが、幅広い共感を得て受け入れられる社会の土壌を思う。

こうしたエネルギーはどこから来るのか。学生運動も反核運動も、周期的あるいは時折噴出する間欠泉のようであっても、日本では考えられないほどの熱気を持って持続している。二つは別次元のことではなく、大陸とは異なる台湾が台湾であるための必然の動きなのではないか。この国の成り立ちと切り離しては考えられず、台湾の人たちが常に、あるいは潜在的に感じている「国家喪失の危機感」が根源にあるのではと思えてならない。

危機感は自分たちのアイデンティティーをどこに位置づけるのか。

台湾の中央通信社は一五年一月、政治大学選挙研究センターが公表した意識調査を報じる。一四年に「（自分は）台湾人だ」と答えた人は一九九二年以降で最高の六〇・六パーセントに達し、「中国人」は過去最低の三・五パーセント、「台湾人であり中国人である」は三二・五パーセントだった。台湾人はそれでも、国際社会への「台湾国」の性急なアピールには消極的だ。

海峡両岸関係については、現状維持について「しばらくは」が三四・三パーセント、「永久に」が二五・二パーセントと、合わせてほぼ六割を占めた。「どちらかと言えば独立」は一八・〇パーセントだった。一方で「すぐに統一」は一・三パーセント、「すぐに独立」は五・九パーセントだった。調査結果は、この問題には慎重であり、用心深く、諸々考えれば現状維持がベストの選択だ、という風にも受け取れる。どうだろうか。

ノンフィクション作家の安田峰俊氏は『境界の民』（角川書店）で、立法院の占拠事件取材後に東京で会った台湾人留学生の話を紹介する。その中で、二人の言葉が心に入ってきた。

「（前略）今の若い人は外省人と本省人の違いはあんまり意識してないですよ。みんな台湾で生まれているんだもの。自分が暮らす台湾という場所が好きならそれでいいじゃないですか」

「個人的な話をすると、俺はほんとうは台湾の国旗は変えるべきだし、自分の国が『台湾国』になったら嬉しいと思っている。でも、現実との折り合いも大事だよ」

彼らの言葉は、どう受け止めればいいのだろうか。

全く世代の異なる一人の老人の言葉を思い出す。台湾の東部で戦前、日本の海軍航空兵に志願した彼は、長いこと漁師として暮らしていた。「台湾は周りが海で、誰とも関係なく暮らしていける。こんないい島はない」と話した。

連戦・国民党名誉主席が党主席時代に「この国の若い人たちにどうやって自分たちの国のアイデンティティーを意識させるかに苦慮している」という趣旨の発言をしたことがあったが、若い人たちは彼の心配をよそに、台湾人としてのアイデンティティーを持ち始めている。ただ、それは普通の国家に育った人たちと少し違うような気もする。

台湾の人たちは他の国の人たちが考える「国」という概念に、それほどの関心がないようにも感じる。「国」そのものをあまり意識していないのではないか。中華民国は一九七一年、中国の加盟に抗議して国連を脱退する。そのとき生まれた人は四十歳を超え、その後の人たちを含めて、国際社会で自分の国が「国家」を強調する場をほとんど見ていない。それでも、生きている。

国であって国でない、国家というものをある意味超えた、軽やかな社会に生きる台湾の人たちの感性を、大陸の人は恐らく到底理解できないのではないか。

「一つの中国」外交は説得力を欠く

ベトナム南部のホーチミン市近郊で二〇一四年五月十三日、中国が南シナ海・パラセル（西沙）諸島付近で続けている石油探索作業に反対する市民デモが暴動へと拡大した。ベトナムは自国の排他的経済水域内の出来事だけに巡視船を派遣して退去を求めるが、強力な中国艦船に体当たりされ、放水を受けるなど劣勢に陥っていた。

ベトナム全土で数日続いた反中国行動は台湾にとっても「対岸の火事」ではなかった。台湾からの進出工場が中国系企業と間違われて被害に遭ったからだ。台湾政府はベトナム語と英語で「私は台湾人。台湾から来た」という貼り紙を用意するなど対応に追われたものの、台湾は中国の一部だと思っているベトナム人は多い。企業名も工場などの看板も中国語だけに見分けはつかない。国民党政権が「一つの中国」政策に立ち、馬英九総統が「海峡両岸関係は国際関係ではない」と言明している以上、他国に対して「中国とは異なる一つの国家」とアピールしても、その訴えに説得力がないことは明らかだった。

一年前の五月、黒マグロ漁の最盛期を迎えたバシー海峡で台湾南部・屛東《へいとう》県の漁船がフィリピン沿岸警備隊に銃撃され、一人が射殺された事件はすでに述べた。

台湾政府の比政府への要求は、正式な謝罪、賠償など四項目だった。比政府は大統領特使を派遣して「アキノ大統領とフィリピン国民は、この不幸な意図しない死去に対して遺族と台湾の人たちに謝罪する」という内容の声明を発表する。台湾側は「誠意なし」と一蹴、フィリピンからの毎月三千人の労働者受け入れ拒否、台湾人の観光旅行自粛などの制裁措置で応じた。「誠意なし」の具体的な説明はなかった。謝罪声明に台湾側が強く求めた「政府による政府への謝罪」を意味する文言は入っていなかった。

比政府が台湾の意向に従えば、公式な謝罪相手は当然、中華民国になる。中華人民共和国と国交を結んでいる比政府にとって台湾もまた「国家」として認知することになり、対中関係に与える影響は大きい。台湾側にもこの点に踏み込み過ぎると収拾がつかなくなる恐れがあるという指摘が一部にはあった。あえて強硬な措置をとった意図はどこにあったのか。冷静な判断力の欠如というよりは、フィリピンならば意に沿った回答をしてくるだろう、という思いがあったのではないか。

事件は膠着状態が続いた後、争点を棚上げする形で決着する。「謝罪」などをめぐる交渉と非難の応酬は、ベトナムのデモと同じように「一つの中国」が中国と外交関係を持つ国と台湾との付き合い方の難しさ、台湾の国際社会における曖昧な立場を改めて示した。

台湾が国際社会のなかで、確固とした存在であることは明らかだ。外部からの攻勢には「だれが何と言おうと国だ」という姿勢を見せ、強靭でありしたたかだ。ただ、今回のような場合の無力さも併

聖多福天主堂前の支援集会。ミサを終えたフィリピン人が台湾人と代わる代わる握手していた

せ持っている。国家としての立場をどこまで主張するのか、主張できるのかという問題は、台湾の抱えるジレンマかもしれない。しかし、普通の人たちには極めて影の薄い問いかけのようにも思えてくる。政府の対応に過激さを感じる人は少なくなく、社会はあくまで冷静だった。

フィリピン人労働者はすでに台湾社会に深くコミットしている。フィリピン人介護士を雇っている家庭が事件直後に「街ではマニラから来たとは言うな」と注意した話も伝えられたが、バッシングは見られなかった。台北市内にある聖多福天主堂（聖クリストファー教会）の日曜礼拝にはタガログ語のミサがあり、これまでと変わらず、多くのフィリピン人がかけつける。教会前では台湾の若者らが連帯を訴えていた。

台湾全島でフィリピン人労働者は現在八万八千人いる。全外国人労働者の二割を占め、工場などで働く六万五千人のうち、三万四千人が電子、光学機器関係の企業に集中する。経営者にとって、英語がわかり労賃も安い彼らの代わりがすぐ見つかるわけではない。老人介護などでも二万三千人が来ている。これも欠かすことのできない人たちだ。

双方の政府が謝罪問題で揺れている時、一つの三面記事を見つける。

職場から消えて退去処分を受けたフィリピン人労働者が、収容施設から桃園国際空港に向かう途中、移送車のその日二度目のパンク横転事故で死亡したという内容だった。銃撃による射殺と同一には論じられないとはいえ、不本意な死には変わりなかった。フィリピン国内の家族らは、彼の死をどのように受け入れたのだろうか。

台北に限らず香港でもシンガポールでも、週末の公園、広場、駅舎などは故郷のことを話し合い、仕事の情報を交換するフィリピンからの出稼ぎ労働者、アマ（阿媽）らでにぎやかだ。フィリピン人はアジア各地の社会生活、あるいは歌手、踊り子らのエンターテインメントの世界ではなくてはならない存在だが、一方でフィリピンという国家は、国際社会で時に軽んじられていると感じるのはなぜだろうか。

中国の最近の南シナ海攻勢に、その思いは深い。中国は一四年一月、南シナ海での外国船の漁業操業、資源調査に関して当局の許可を必要とする漁業法改正を行った。規定は同海の六割にあたる海域に自国の管轄権が及ぶとする主張の具体化だ。

フィリピンは同国西のスプラトリー（南沙）諸島・スカボロー礁領有権問題で国際仲裁裁判所に中国を提訴しており、アキノ大統領は二月四日付けの米ニューヨーク・タイムズのインタビューで、「強国に領土の一部明け渡しを迫られている」と述べる。フィリピンにとってこの問題は新たに発生した懸案ではない。『観光コースでないフィリピン』（大野俊著、高文研）は、一九九五年二月、当時のラモス大統領がマラカニアン宮殿での定例記者会見で「我が国領土のカラヤアン諸島のサンゴ礁に

休日に台北駅に集まる東南アジアからの労働者ら。小さな輪がいくつもできていた。音楽がなかったのが少し寂しかった

中国が建造物を築いている。付近では軍用艦らしい中国の船が停泊している」と訴えたことを紹介する。

東南アジア諸国連合（アセアン、ＡＳＥＡＮ）各国からは、アキノ発言への反応は聞こえてこない。創立メンバーであるフィリピンの孤立感は深い。

ただ、フィリピンもまた台湾と同じように国家意識が比較的薄い地域だ。政府の意向、思惑とは別に、人々が国というものをどのように考えていくかは、留意すべき視点のように思える。

友人のフィリピン体験談が記憶に残る。彼は二十代の頃から度々訪れ、フィリピン大学の寮に泊まり、マニラのスラム、スモーキーマウンテンと住民がそこから強制的に移住させられた地区、米海軍基地のあったオロンガポの町を歩いた。国家が国家として成立していった一九世紀からの世界史的な動きの中で、民族国家という概念から外れたところにフィリピンも台湾もある、と話してくれた。学生らが「私は（ルソン島北部で話されている言葉の）イロカノ」「私は（セブ島周辺の）ビサヤ」などと普通に語り合い、イロカノ語を母語とする一人が「フィリピンは国家として統一されていないのではないか」と話した時には驚いたという。友人は「国家とは何だろう」と自問する。

南シナ海のスプラトリー諸島は中越両国に加えて台湾、フィリピン、マレーシア、ブルネイが領有を主張している。

台湾は二〇〇八年、スプラトリー諸島最大で唯一水の出る太平島に軍用空港を建設、毎年のように実弾射撃訓練などを続ける。各国の動きに敏感な中国だが、演習への関心は見られない。あくまで中国の一省である以上、そこに付属する島の演習でしかない、という考え方なのだろうか。台湾の軍隊は陸海空軍合わせて二十九万人の兵力を持つ。陸軍が二十万人、海空軍が各四万五千人。総兵力を二十万人以下に減らす計画もある。中国との軍事バランスを保つために、米国から海空軍を中心に武器供与を受けているが、兵力差は次第に大きくなっている。満十九歳以上男子の一年間の兵役義務は志願制への移行が検討されている。

アセアンにとって台湾が太平島を実効支配している意味は大きい。政治的、軍事的に重大な局面が生じた場合、当事者に引き入れることも選択肢の一つになる。台湾を中国の一部として見た場合、中国の南シナ海から西太平洋にかけての軍事的影響力の大きさは一目瞭然である。台湾問題は中国のいう国内問題では収まりきれない要素を内包している。アセアンにとって、「台湾」を国際問題だとする認識は、これまで以上に必要なことかもしれない。

テレサ・テンの「悲しい自由」を聴く

二〇一三年五月八日、新北市・金宝山墓園の一角にあるテレサ・テン（鄧麗君）の墓、筠園《きんえん》は、命日に訪れた多くのファン（歌迷）と花に囲まれ、生前の姿を思い起こさせるかのように煌びやかだった。本名の鄧麗筠《とうれいきん》からとった記念墓園は、基隆と淡水を結ぶ台湾北部の海岸道路から少し山の中に入る。三百三十平方メートルほどの広さだ。歌っている姿を映した像の立つ花園広場と奥の墓所に分かれ、東シナ海が目の前にあった。

この年は彼女が生まれてちょうど六十年にあたる。生い立ちから四十二年の生涯を振り返る特別展「追夢　永遠的鄧麗君特展」が、一月末から四月までの三か月間、台北市の中正紀念堂ホールで開かれた。天才少女時代の写真が飾られ、カラフルな舞台衣装、日本で受賞したトロフィーが展示され、香港での生活を示すコーナーもあった。詰めかけた人たちの中には、蘇貞昌・民進党元主席夫人の詹《せん》秀齢《しゅうれい》さんもいた。「若いころ連続ドラマの主題歌『晶晶《ジンジン》』や『我只在乎你《ウォジーツァイフーニィ》（時の流れに身をまかせ）』をよく歌いました」と話していた。

台湾社会の変化が彼女をスターに駆け上らせた。一九六〇年代後半から七〇年代にかけて、台湾はそれまでの農業依存から工業化への道を歩み始める。特に蒋経国《しょうけいこく》総統が打ち出した桃園《とうえん》国際空港、南北高速道路建設などの十大プロジェクトは経済成長を一気に加速させ、貿易収支も黒字に転換した。豊かになった家々にはラジオ、テレビが普及、歌声は全島を魅了する。彼女は台湾語（閩南語《びんなんご》）でも

テレサ・テンの墓園。命日にはいまも多くのファンが集まる。北部海岸を走る定期観光ミニバスのルートにも入っていた

歌い始め、歌迷は福建華僑の多いシンガポールはじめ東南アジア各地、そして香港へと広がっていった。

インドネシア・スラウェシ島の港町、マカッサルもそうだった。岸壁に沿って並ぶレストランで「サンミゲル」のビンビールを飲みながら巨大な夕日が沈むマカッサル湾を眺める。日が落ちて波止場から少し離れた裏通りにスナックの灯りがつく。どの店にもカラオケがあった。そして中国語で歌う鄧麗君の姿があった。

特別展会場は中央ロビーを挟んで蒋介石の業績を紹介する永懐領袖《りょうしゅう》文物展視室と向かい合う。歌姫の写真と領袖の胸像の対面に、少しばかり感じた違和感は、軍服姿で将兵を慰問するテレサ・テンの映像を見たときと同じだった。

台湾の人たちにはこの出会いは自然なのかもしれない。彼女が国民党政権の大陸反攻政策に登場したことはよく知られている。最前線基地、

テレサ・テンの墓碑は花で埋まる。彼女の歌がいつも流れ、ファンには至福のときだ

金門島からの反共放送でも同胞に向けて「自由祖国の第一線にいます」と話しかけていた。一九九五年に亡くなったときは国葬として見送られ、棺は青天白日満地紅旗に包まれた。

歌は時代に先駆け、海峡両岸の思惑を超えて人々の心を結びつける。代表曲の一つ「甜蜜蜜《ティエンミイミイ》」は、大陸の人たちにも愛唱され、香港映画「甜蜜蜜」も生まれた。

彼女の「原籍」は父親の故郷、中国・河北省だ。どのような思いで父祖の地を望んでいたのだろうか。

天安門事件直前の八九年五月二十七日、大陸訪問の願いが消え、香港での北京の学生支援集会で歌った「私の家は山の向こう」を思い出す。そして、その年の十一月、日本での「テレサ・テン十五周年記念スペシャル」コンサートで歌った「悲しい自由」を聴く。

新曲を披露したとき、歌う前に日本語で語りかけた。

「私はチャイニーズです。世界のどこにいても、どこで生活してもチャイニーズです。だから今年の中国の出来事すべてに私は心を痛めています。中国の未来がどこにあるのかとても心配しています。私は自由でいたい。すべての人たちも自由であるべきだと思っています。それが脅かされているのがとても悲しい。でも、この悲しくて辛い気持ち、いつかは晴れる、だれもがきっと分かり合えるその日が来ることを信じて歌っていきます」

二〇一三年五月十九日、台北に続いて北京でもテレサ・テンを偲ぶコンサートが開かれる。王菲(フェイ・ウォン)らに加えて、台湾からも女性歌手の彭佳慧(ジュリア・パン)が参加リストに名を連ねていた。テレサの言う「だれもがきっと分かり合える日」は、来たのか、まだなのか。

台北から天安門事件を追悼する

毎年六月四日夜は台湾でも天安門事件の追悼と民主化を訴える集会が開かれる。

二〇一三年は台北市の中正紀念堂前自由広場で五百人の学生、市民らが追悼した。会場の周りにはチベット、新疆《しんきょう》ウイグルの民主化運動を支持する人たちや法輪功のテントも立った。天安門広場前でタンクに立ちはだかる男性の映像が流れ、学生指導者の一人で現在は台湾の大学で教鞭をとる王丹《おうたん》氏が「空が暗くなればなるほど光明を探さなければならない。道が長ければ長いほど前に進まなければならない」「中国政府は我々を忘れてはいない。我々も彼らを忘れることはできない」と訴える。彼が台湾で暮らし、台北から大陸の民主化に向けて声を上げることが、大陸の現実だった。

五日の各紙は、香港・ビクトリア公園に主催者発表で十五万人が参加したキャンドル追悼集会を大

天安門事件追悼集会で壇上に立つ王丹氏。大陸から彼を追い出した中国の狙いは成功したのだろうか

きく取り上げたが、馬英九《まえいきゅう》・国民党政権が大陸との友好第一を掲げている中で、中国の民主化運動支援は難しいという論調もあった。テレビは小さな扱いだった。

台湾の集会は、香港のように心と体が結びついた集いとは違っていた。香港では大陸の民主化は自分たちの将来に直結するという思いがある。台湾にはそのような切実感はなく、頭で理解する海外の民主化運動でしかない。集会が開かれるだけでも意義のあることだという見方もあるが、市民らは身近でもない話に関心はなかった。四日午前の民進党主催討論会にも、集まったのは関係者とメディアがほとんどだった。

台湾が中国の民主化運動に共鳴できた時期は、天安門事件前後のほんの数年だけではないだろうか。事件が起きた八九年春、台湾は三十八年三か月続いた戒厳令の解除から二年も経っていなかった。人々は「自由」に飢えていた。新しい政治体制を求めて中正紀念堂前広場に座り込んだ学生らは、天安門広場の「自由の女神像」に呼応するかのように、台湾に自生する野百合を象《かたど》った像を立てた。

台湾と中国はその数年を境に全く異なる道を歩み始める。海峡両岸の隔たりはいま、おそらく当時の人たちが、そして中国政府が想像する以上になってしまった。この四半世紀にアジア有数の社会を実現させた台湾にとって、民主化は当たり前のものであり、必死に追い求める対象ではなくなった。最高指導者は住民の直接選挙で選ばれ、報道の自由も制限されることはない。中国との経済、文化交流が「統一」に向かう気持ちを育むわけではない。シンガポールの中国人が、タイの華僑が中国との一体化を考えることはないように、台湾の多くの人たちもまた、大陸を自分たちと同じ共同体と見ることはない。

そのことは、中国の人権問題にも投影される。中正紀念堂前の集会は最後に各自がノーベル平和賞受賞者の劉暁波《りゅうぎょうは》氏の面を被り、小さなキャンドルを灯して終わった。静かな集まりだった。大陸の空気がどこまで伝わっただろうかと思う。

大陸の活動家たちも意識のズレを感じているのだろうかと疑問に思ったこともあった。

この年の六月下旬から七月上旬にかけて、中国の盲目の人権活動家、陳光誠《ちんこうせい》氏が台湾の人権団体の招きで初めて台湾を訪問した。陳氏は中国国内で「一人っ子政策が強制中絶を助長している」などと批判、当局の厳しい追及を受け、自宅軟禁中の一二年春に米国に脱出した。これまでの活動に加えて、訪台直前に客員研究員として処遇していたニューヨーク大学が支援打ち切りを表明したこともあって、台湾社会は陳氏を温かく迎えた。

陳氏が滞在中、どのような発言をするか注目されたが、中国国内の人権状況についても、台湾が実現した民主社会についても、目新しいものはなかった。ニューヨークでも言える発言に終始したともいえる。民進党の当時の主席、蘇貞昌《そていしょう》氏との会談のなかで、「台湾独立という考え方はすでに過去の話だ」と語ったときは少しばかり、話題になった。台湾の実体を知ってほしいと思っていた人たちは

自由広場前の追悼集会。参加者の訴えは大門を越えて飛翔するのか

意外なことと受け止め、大陸との一体化派には好感を呼び、国民党寄りのメディアはこぞって大きく取り上げた。

彼の意図が、台湾独立問題にどこまで踏み込んだものかはわからない。ただ、香港のような一国二制度が大陸にあってもいいと話し、同時に独立よりも同制度を支持する趣旨のことも述べた。少なくとも「台独」への熱い支持とは縁遠いように思えた。

中国の多くの活動家の視野には、国の内外を問わず、大陸の民主化はあっても台湾が異なる存在だという発想はなく、台湾はあくまで大陸の一部という認識しかないのではないか。しかし、国を出た人たちにとって、台湾という場はその主張を表明する格好の拠点になる。台湾がより大陸に近づいていれば、陳氏の訪台は難しかったかもしれない。王丹氏の台湾での教鞭生活もあるいは不透明になっていたかもしれない。

陳氏は台湾を半月以上かけて歩き、多くの台湾人と語り合った。実際に触れた社会は、中国国内、米国で理解していたものと同じだったのか、違っていたのか。新しい発見はあったのか。率直な感想を台湾でもっと語ってこそ、台湾の旅に意味があったのではないか。

香港のキャンドルは四半世紀灯り続ける

天安門事件から二十五年が過ぎた二〇一四年六月四日の夜、香港のビクトリア（維多利亞）公園に立った。しばらく時を止めて、公園の風景を眺めた。クマゼミの一種、大褐蟬《だいかつぜみ》の喧しい鳴き声が懐かしい。いつの集会でもこの季節の湿潤な空気をセミが追い払い、参加者を勇気づけてきた。「燭光悼《しょっこうとう》念集會《ねんしゅうかい》（キャンドル集会）」はすでに、香港の歴史だった。

午後八時からの集会は事件当時の天安門広場の映像から始まった。民主化運動を主導した厳家其《げんかそ》氏、王丹《おうたん》氏が会場中央のスクリーン上から語りかけ、広州の「公民弁護士」として知られる滕彪《とうひょう》氏が壇上に立ったときは一斉に拍手が起こった。子供を事件で殺された母親たちの声は、この夜はなかった。主催した香港市民支援愛國民主運動聯合會《れんごうかい》（支聯會《しれんかい》）が接触を試みたができなかった。中国政府の遺族への締め付けが厳しかったと聞いた。

ロウソクが灯り、人々はそれをかざし、あるいは胸に抱いた。黙祷の一分間、空はまだ蒼かった。白雲が一つ、二つ、ゆっくりと流れていった。

支聯會は参加者を十八万人と発表した。四半世紀の集会は、中国政府の事件への見解を変えるだけ

香港ビクトリア公園のキャンドル集会。18万人が灯した火は天安門広場への思いだけを残す

の力を持ち得ない。変わらない中国をしかし、いつか変えるという思いが人々の足を公園に向かわせる。

翌五日付けの新聞は、中国に批判的なスタンスをとるアップルデイリー（蘋果《ひんか》日報《にっぽう》）が三十二ページの十四・五ページを集会関連記事に充て、残りは一般ニュース七・五ページ、広告十ページという構成だった。中国系の文匯報《ぶんわいほう》は集会を無視、支聯会を批判するグループの集まりを紹介する記事の中で「支聯会晩會」と伝えただけだ。

香港が中国に返還される直前の一九九七年六月四日、集まった人たちはだれもが「これが最後」という気持ちに駆られていた。直後の九八年は「いつまで続けられるだろうか」という不安の中での集会だった。中国の一部になって十七年が過ぎようとしてもなお、存続している不思議を改めて感じる。予想が外れたことはいま一つある。続いたとしても、事件を身近に経験していない人たちの関心は次第に薄れていくだろうと思っていた。いま、会場の最前列を若者らが占め、大学学生会の幟が十本近くも翻る。彼らの熱気が集会をさらにエネルギッシュなものにしていた。

返還後の教育は中国政府と香港特区政府の意図した通りにはいかなかった。特区政府が推し進めようとした学校教育での普通話の普及は、親たちの英語力が落ちるという批判にあって挫折し、中国国民の意識を徹底させようとした二〇一二年の「国民教育」課程の新設も、生徒らの反対運動によって頓挫した。中国主体の教育を受けたはずの若い人たちが大陸の現状を見て、行動に一層の尖鋭さを加えていくようにも思える。

天安門事件見直しへの欲求は、自由な香港への思いに重なる。一四年四月末、九龍半島・尖沙咀(チムサアチョイ)に六四紀念館がオープンしたと聞いたときは、よく開設できたなと感心した。二十五周年に合わせたのか、資金繰りがうまくいき適当なスペースが見つかったのか。すべてのタイミングが揃ったのだろうが、「二十五周年に何か」という思いが一番強かったのではないか。友人は「古い小さな雑居ビルの五階にあったカラオケの店を支聯会が買い取っただけで、法的に問題はない。法治はまだ生きている」と笑顔を見せた。

香港・九龍半島にある六四紀念館。事件の記録と記憶が小さな狭い空間に凝縮されていた

約七十平方メートルの館内は事件の概要、当時の写真、新聞が展示され、小さな「自由の女神像」もあった。入場料は一人十香港ドル(約百六十円)だ。六月四日の午後は一時間以上の順番待ちだった。スタッフの一人は「香港人と大陸からの観光客が半々だ」と説明してくれた。集会の三日前、中国からの若い女性が追悼デモに遭

遇、友人に「事件のあらましを初めて知った。政府は謝るべきだ」と話したという。彼女は紀念館を訪れたのだろうか。

台湾と香港は時代を共有する

台湾に暮らしていると香港は近かった。飛行機で二時間弱の距離は十分日帰りができた。折りに触れて香港を訪れた。

香港を歩くたびに少しずつ昔の香港が消えていく。香港を愛する人たちは、日々変容していく街のこともまた、受け入れなければならないのだろう。そんな香港に出会うのが嫌だといって、香港断ちをしている知人の気持ちがわからなくもなかった。

香港島に行った時の決まり事の一つは、東西に走るトラム(路面電車)の二階席から街を眺めることだ。古い町並みを保ってきた湾仔《ワンチャイ》にも再開発が進んでいた。見たこともない真新しいビルがトラム通りのすぐ横に生まれ、ここにもブランドショップができていた。湾仔でトラムを降り、ビクトリア港に向かう。少しばかり狭くなってきたが、海だけは変わらなかった。これも決まり事なのだが、フェリーに乗ってデッキに足をつけないとなにか大切な忘れ物をしたような気になる。

一九九七年の香港返還によって駐英軍本部から人民解放軍駐香港部隊本部へと変わったビルは改装中だった。以前は東隣にタマール(添馬艦)軍港があり、西隣は歴代香港総督が上陸した皇后埠頭だった。共に埋め立てによって姿を消した。タマール軍港跡地は返還の夜、英国のお別れ式典が開かれた。チャールズ英皇太子が「英国は香港にさよならは言わない。英国は香港の歴史の一部であり、香港は英国の歴史の一部である」と挨拶した場所はいま、香港特別行政区（特区）政府の行政長官オフィス、行政棟、立法会ビル、タマール公園になっていた。

返還から二十年近くになろうとしている。そのような歴史があったことをどれだけの人が覚えているのかと思うと、切なさだけが残った。

香港の行政長官オフィス。新しいオフィスからは何も伝わってこなかった

二〇一三年秋からの一年間は、香港の自由な言論が揺れ、一国二制度の意味が問われ、台湾と時代を共有する空気がより顕著になってきた一年だ。

一三年十月、香港特区政府は香港無線電視（ＴＶＢ）と亜洲電視（ＡＴＶ）の独占だった地上波テレビ枠に、新たに二社の参入を許可する。申請していた三社のうち、試験放送を行うなど最も準備が進んでいたとみられた香港電視（ＨＫＴＶ）だけは認められなかった。明確な説明はなく、経営者が大陸投資に消極的だったとか、辛口の論評で知られるアップルデイリー（蘋果日報）と手を結ぶのを恐れたなどの憶測を呼び、同局スタッフ、市民らの抗議行動が続いた。

翌一四年一月、有力紙、明報の劉進図編集長が突然解任

される。同紙の地上波テレビ枠に関する報道姿勢を政府側が批判的と判断、解任につなげたのではともいわれる。同編集長は一か月後、オートバイに乗った二人組に襲われて重傷を負う。実行犯を含む九人の犯行グループは二週間後、中国・広東省内で逮捕されたが、背後関係は不明だ。

市民らは特区政府及び中国の政治姿勢が自由な社会に陰りをもたらしたと感じ、特区政府トップである行政長官の選挙方式を巡って対立を深めていく。返還記念日の七月一日に五十一万人が参加したデモは、中国が直接選挙方式を採用した場合、候補者は「愛国」精神に則った長官に相応しい人物に限るとしたことへの反発だった。

中国国務院（内閣）が六月十日に発表した香港白書が大規模デモをさらに呼び込んだという説が根強く広がる。返還後に生まれた特区の「憲法」とでもいうべき香港基本法は、一つの国に社会主義と資本主義が共存する一国二制度に基づき、五十年間の高度な自治を保障した。白書はしかし、中国政府の全面的な管轄下にある香港では高度な自治も制限されると強調、両者の位置付けはあくまで中央と地方の関係にあるという認識に立っていた。

一国二制度下の香港で一国と二制度のどちらに重きを置くかという問題は、全国人民代表大会（全人代）常務委員会が最終解釈権を持つという結論が出され、中国という国家の方針が香港社会の諸制度に優先するとされてきた。白書の内容は格別に目新しい考えを盛り込んでいたわけではなかった。多くの人たちが「そうだろうな」と感じていても、白書という形で明確に打ち出されると、受け止め方はまた違ってくる。市民有志が提案する「直接選挙方式についての市民投票」と民主派などの返還記念日デモの直前の発表は、露骨な牽制と映った。独自のルールづくりに固執する北京の過剰な自信が透けて見える。

香港の人口は七百二十四万人。立法会（議会）議員選挙などに投票できる有権者は半数近くになるが、現行の行政長官選挙は千二百人の指名委員によって決まるため、直接選挙には程遠かった。「市民投票」は直接選挙に制約を設けない方式など三つの選択肢を設けたが、いずれも中国の意図を否定した方式であり、完全直接選挙への民意投票といってよかった。電子投票と投票所投票を合わせた総数は、提案者らの予想をはるかに超える七十九万余になった。

香港の市街地を占拠する市民たち。「二制度」が「一国」に勝った瞬間だった

中国と特区政府に「ノー」を突きつけた七十九万人と五十一万人という二つの数字にも、中国政府の強気な構えは変わらなかった。

全人代常務委員会は八月三十一日、行政長官選挙の選出方式を決定する。十八歳以上の市民全てに投票権が与えられる一方で、候補者は指名委員過半数の同意が必要とした。指名委員は親中派の業界団体などから多数選出される公算が大きく、民主派グループの擁立は不可能に近い方式だった。

民主派は一定数の市民の推薦で立候補できるようにすべきだと批判、市民団体は街頭デモを組織し、大学生、

蘋果日報、自由時報、聯合報などの台湾各紙。香港の人たちは台湾の新聞を見て、連帯のエールだと確信するだろう

高校生は授業をボイコットした。学生たちは九月二十六日、香港島で座り込みを開始、日毎に参加者が増える中、二十八日には中心部を占拠して警官隊と衝突する。

特区政府は早い段階でデモ隊に催涙弾を発砲するという強行策をとる。香港の警察はこれまで、市民らの実力行使に一定の節度を持って対処する英国流スタイルを堅持してきた。「英国式」を払拭したかったかはともかく、香港社会の変化を端的に物語っていた。

騒乱は香港島から九龍半島市街地まで拡大する。

中国外交部は二十八日、「香港は中国の香港である」という趣旨の発表を行い、欧米などの占拠擁護を牽制する。国内の人権問題などへの影響を懸念するだけに、学生らの要望を受け入れるわけにはいかなかった。習近平・中国国家主席は十一月のＡＰＥＣ北京会合に臨み、「選挙は透明、公正で人々の願いを反映するべきだ」とするオバマ米大統領に「占拠行為は違法だ。外国はいかなる干渉もするべきではない」と応じる。

香港市民の多くは特区政府が占拠の強制排除に乗り出さない最大の理由は、中国政府にとって最大の外交課題であるＡＰＥＣの開催だとみていた。成功裏に終われば、事態の収拾は時間の問題だった。

香港の高等法院はデモ隊がバリケード撤去を阻止した場合は逮捕できる決定を下し、十二月中旬までには占拠事件は終息した。

一五年六月十八日、特区政府が提出した選出方式は立法会で三分の二以上の賛成を得られず否決された。一七年の行政長官選挙は従来通り千二百人の選挙委員会が選出することになる。

二か月半に及ぶ市街地の占拠は選出方式の具体的な変更にまでは結びつけることはできず、経済活動に大きな影響を与え、株価は大幅にダウンした。市民の間にも行き過ぎだという批判が起きた。しかし、中国共産党機関紙、人民日報の海外版が天安門事件を定義づけた「動乱」という言葉を用い武力行使の可能性を示唆したにもかかわらず、市民らは催涙弾に傘で対抗して「雨傘革命」のキャッチフレーズをつくり出し、国際社会に香港の存在をクローズアップさせた。

香港人はいま、大陸の人たちを自分たちと区別して「強人」と呼ぶ。「強い人」には諸々の傍若無人な態度への批判と揶揄が込められている。中国との一体化の流れは、返還直前に生まれかけた「香港と香港人」としてのアイデンティティーを改めて見直す動きへと変わりつつある。「香港」を突き動かしているものは、香港復帰によって国内の一都市になったとみる中国政府と、返還後も国際金融都市としての歴史を自負する香港人との相克である。国家の論理と社会の論理との闘いだった。

台湾統一問題にも大きな影響を与えそうだ。中国は香港と同様の一国二制度による台湾統一を目指しているものの、台湾との距離はまた開いてしまったという思いは強い。

台北にいると、メディアが伝える香港の状況は格段に増えていると感じる。「香港」に敏感に反応する新聞は一面を割き、テレビはメインニュースで、リアルタイムだ。

一四年三月に開かれた中国・全人代の報道では、自由時報が李克強《りこくきょう》中国首相の政府活動報告に「港人治港（香港人が香港を治める）」という文言がなかった、と伝える。温家宝《おんかほう》首相時代には必ず入っていたことから、自治への締付けの強化を意図したものだと指摘する。活動報告にあった「一国二制度」には「港人治港」の意味も含まれるという意見も併載しており、圧力説とは一概に見ていないが、直接には関係ない香港の記事を翌日の続報では国際面から一面トップに格上げするなど取り上げ方は際立っていた。

雨傘革命の時は、市民らも動いた。学生らが台湾での大使館的役割を持つ香港代表部に詰めかけて連帯を叫び、中正紀念堂前自由広場での支援集会には二千人を超える人々が集まり、若者らは路上にキャンドルで「フリーＨＫ」をかたどって応援する。

台湾の少なからぬ人たちは、中国外交部が明言した「香港は中国の香港である」という言葉を「台湾は中国の台湾である」と置き換える。いま享受している総統選挙から地方議員選挙までの極めて当たり前の制度である自由な普通選挙が難しくなるだろう、と考える。

香港にとっても台湾は身近な存在になりつつある。民主派の人たちによる台湾講演は珍しくなくなり、大学生同士の交流も活発化している。ネット上には立法院占拠への賛意を表すユーザーが現れ、中国・深圳《しんせん》に隣接する新界地区の土地開発案に反対する市民百人が立法会で一時座り込むなど、台湾と似たような事件も起きている。最近の香港大学の民意調査では、多くの人が海峡両岸は統一すべきだとしているものの、十八歳から二十九歳の若者に限っては六割近くが台湾独立を支持した。

香港返還前後の台湾と香港は大陸だけに目が向き、相手のことはその視野に入っていなかった。台湾の人たちは、香港が英国の植民地から解放されて中国に復帰するのは当然と思い、香港人は台湾が中国の一部であり、台湾省と呼ばれることに何ら違和感を持たなかった。大陸からの有形無形の働きかけが強まるにつれ、互いの社会に関心を持たなければという気持ちは、台湾の立法院占拠、香港の市街地占拠を経て、一層強くなっているように思える。

民主社会への共感は、ポルトガルの長い植民地時代から一九九九年に中国に復帰したマカオ（澳門特別行政区）にも芽生える。

一四年五月二十五日、崔世安《さいせいあん》行政長官が提示した「高官離職保障法案」に反対する二万人の市民デモがあった。人口六十万人の三十人に一人という数字に、街全体がデモに包まれた感があったのでは、と思う。

法案は高官の給与の七割が退職後も支給され、在任中に係ったことには刑事責任が及ばないというもので、市民感覚とはかけ離れていた。多くは給与問題に関心が向いたが、真の狙いは免責措置という指摘もあった。前行政長官が香港の実業家とマカオの土地問題でトラブルを起こしており、裁判ですべてが明るみになった場合の対応策としての法案だったという。崔長官は四日後に撤回を余儀なくされる。中国政府の指示とも言われている。

マカオは返還後、カジノをベースとしたエンターテインメントと中国政府の肝いりで実現した古い教会などの世界遺産によって多くの観光客を引き付けてきた。特にカジノ経済は大陸からの観光客を最大の顧客として好調を維持してきた。しかしマカオに暮らす普通の人たちにはマンション高騰、物価高となって跳ね返り、格差が広がっていた。崔長官にとってこれまでにない反対運動の広がりと法案の取り下げは考えてもみなかった事態なのではないか。

デモは台湾大学に学んだ蘇嘉豪《そかごう》という若者の呼びかけからだった。学生生活の四年間に学生運動、各種デモなどをつぶさに観察し、立法院の占拠事件にも触発されたという。地元メディアに「三百人も集まればいいと思っていた。我々の持つ政治システムはまだ非民主的だ。今回は小さな勝利に過ぎない」と語った。

VII

冬の甘蔗列車を追いかける

虎尾のサトウキビ畑。満載の貨車の上に乗って畑の中を走ったら、どんな気持ちだろう

虎尾のサトウキビ畑は実り豊かだった

台湾中西部の虎尾はかつて砂糖の街といわれた。日本統治時代に製糖工場が生まれ、周囲に市街地が広がっていった。毎年冬になると収穫したサトウキビを台湾製糖の虎尾糖廠（工場）まで運搬するサトウキビ列車（甘蔗火車）が走る。

サトウキビ畑と集荷風景が見たかった。タクシーの運転手がハンドルを西に向け、無線で会社に問い合わせながら、県道を外れた農道を行ったり来たりして探してくれた。集荷場は街から三十分、直線距離にして十二キロほどの所にあった。一面のサトウキビ畑の中をレールが延びていた。カナダの小麦畑の中を車で走った時を思い出した。

ダンプカーが周辺の畑からサトウキビを集荷場に運んでくる。線路脇の高台で荷台が上がり、満載されたサトウキビが貨車に落とし込まれていく。五トンで一杯になると、作業員がトラクターを操作して次の貨車を高台の下に動かす。十分で二輌に移し終え、車はまた畑に戻っていく。サトウキビの細かな屑があたりに舞い上がり、いま一人の作業員が地面に落ちた数本の茎を丹念に拾っていた。集荷場には二人の他、ダンプの運転手だけだった。

ダンプの積荷が砂利からサトウキビに変わっただけなのに、なぜか心が躍った。生きていると感じる。ほんの少し前までは思う存分に陽光を浴びていた甘蔗の甘くけだるい匂いがそうさせるのだろうか。収穫期を迎えたサトウキビは茎が老木のようにうねって幾重にも絡んでいた。「台湾のは大きい。

収穫したサトウキビの集荷場。大型ダンプカーから下ろされる１本１本が、太くたくましかった

元気がある。小さな琉球とは比べ物にならない」と自慢していた知人の言葉に少しばかり納得する。

三十輛以上の貨車からサトウキビが溢れ出すころ、機関車がやってくる。市内の工場までは約三十五分の道程という。畑を縦断し、市道を跨ぎ、ゆっくりと進む。踏切には「砂糖工場のサトウキビ列車運行中、注意を」の旗が立っていた。通過時間は集荷状況次第で、はっきりとは決まっていない。五十二歳の踏切番はこの仕事に就いて二か月になるという。愛想良く「次は多分、あと二十分ぐらいだろう」と話し始め、ほどなく待機小屋から踏切に向かって歩き出していた。三本の線路は現在、真ん中の一本しか使われていなかった。

サトウキビの収穫期は十二月の初めから翌年三月末までだ。期間中は旧正月の一週間を除いて土曜も日曜もない。毎日午前八時半に工場から最初の列車が出発、午前中に四往復、午後は一往復だ。地元、雲林県からの中央通信社電は、二〇一四年末からの

虎尾市街地の踏切。サトウキビ列車は砂糖の街の大名行列だ

シーズンは虎尾工場の砂糖生産量を全島最大の二万六千トンと報じていた。

台湾の製糖産業はオランダが台湾南部を支配した一七世紀中頃にはすでに始まっており、鄭成功《ていせいこう》の時代はフィリピンなどへ輸出するまでになった。清朝の頃には高雄が積出港として栄え、中国華南地方、香港、日本、英国へと販路が広がった。港では石油、アヘン、大陸の石材などが代わって荷卸しされた。

日本統治時代、台湾総督府は砂糖を重要な殖産興業として育成に努める。高雄市北部、新幹線左営駅から地下鉄で北に七駅目の橋頭糖廠《きょうとうとうしょう》は、台湾製糖時代からの工場、機関車などが整備された台湾糖業博物館の最寄駅だ。博物館敷地内にある瀟洒な旧社員倶楽部は文物館になっており、新渡戸稲造《にとべいなぞう》の胸像があった。

一九〇〇年、当時の児玉源太郎総督、後藤新平民政局長は米国滞在中の新渡戸博士に台湾の調査を依頼、翌年、全島を隈なく調査した博士は熱帯産業の中で国際市場に通用する砂糖に着目、育成、奨励方法などを建議する。

総督府の積極的な誘致と糖業の将来性に着目した三井、三菱などの財閥が次々に製糖会社を立ち上げ、三九年には年間生産量百四十万トンを超えた。総督府は農民らに米作から甘蔗栽培への転換を強要、各地の反対運動も激しかった。

博物館には戦前から戦後にかけて稼働し続けた製糖工場がそのまま保存され、いまからでも十分に動き出しそうだった。サトウキビが圧縮後に結晶となり糖分が分離する過程などの説明図を眺めながら、「糖業文明発祥地　一九〇一年日本は橋仔頭《きょうしとう》に新式製糖工場を設立、糖業発展の実験室、産業近代化への序幕であり、台湾のすべての産業は製糖工業に始まる」と書かれたパネルに目がいった。

南洋杉の並木道を歩く。南国の針葉樹はガジュマル、クスノキなどを見慣れた目には新しい発見だった。樹形は先端が天を貫く勢いを見せ、暑苦しい辺りの空気を振り払ってくれる。高校生のグループが貸自転車に乗って敷地内を走り回っている。錆びついた引込線の周りでは保育園児が遊び、保護者らは木陰で涼む。野外喫茶室の「黒糖《こくとう》奶茶（ミルクティー）」は四十圓だった。「ホット」と念を押すのを忘れたら、氷がいっぱい入ったアイスティーが出てきた。ここでホットを頼む人は稀なのだろうと思いながら一気に飲み干した。

第二次大戦後の五〇年、砂糖は輸出総額の七九パーセントを占め、六五年には百万トンの生産量を達成する。だが、世界的な競争力の低下などで徐々に衰退、サトウキビ列車も虎尾を除くすべてが廃止された。

観光列車としていくつかは再出発している。虎尾から南に下った新営市の新営糖廠もその一つだ。台湾鉄道新営駅から歩いて十分の始発駅、中興駅には鉄道文物館も併設されている。四・六キロの沿線には水田、トウモロコシ畑が点在し、サトウキビ畑は少なかった。三十分で着く終点の八老爺《はちろうや》駅は近くに牧場があり、ミルク味の肉包子《ロウバオズ》（肉まん）が一個二十五圓で売っていた。期待した濃厚さには、少しばかり遠かった。

龍山碼頭。老夫婦が手塩にかけたカキはきっと美味しいに違いない

七股潟湖にクロツラヘラサギを見に行く

台湾の西海岸は豊かな干潟や潟湖がまだ残っている。七股潟湖《しちこせきこ》は台南駅からバスで一時間半ほどだった。阿里山中に源流を持つ曾文渓《そぶんけい》河口に広がり、細波すら立っていなかった。どこまでも穏やかな海は、カキの養殖棚を繋ぐ杭が数えられないほど打ち込まれていた。

七股潟湖は約千ヘクタールで千葉県の印旛沼ほどの広さだ。四つの波止場(碼頭)の一番奥まったところに龍山碼頭があった。昼下がりの船泊りは老夫婦の漁船だけが精力的だった。船上に今朝方獲れたばかりのカキが六つの籠に詰まっていた。一籠の重さは百キロ前後だ。妻が籠に鉤をかけ、陸に上がった夫がクレーンで引上げていた。

小さな船着き場に沿った海鮮料理店は観光客がカキを焼く炭火コンロを囲んでいた。近在の主婦かと思えるような人たちが賄いから注文取りまで仕切る店は、生業にしているとは思えないほどゆったりとのんびりとしていた。その雰囲気に誘われるまま、ハマグリに似た貝とカキの春巻きを注文する。店の奥では男衆が厚い紙でつくった札で遊んでいた。数字の並び具合は麻雀牌のようだが、トランプのカードといった方が合っていた。札をテーブルに叩きつけるたびにパチッ、パチッと乾いた音が響く。台湾啤酒（ビール）のケースはあらかた空になっていた。勝っても負けても上機嫌な連中から声をかけられたが、台湾語の会話が続いていてはどうしようもない。

一時間かけて潟湖を周遊する観光船もあった。最低四人が必要で一人二百圓という。ちょうど一回りしてきた団体が帰ってくるところだった。台湾人か大陸の中国人かは見分けがつかない。歴史的な史跡なり有名な施設なりがあるわけでもないから、大陸客は来ないだろうと思ってもみる。

七股潟湖の周囲は虱目魚《シームーユィ》（サバビー）の養殖池が多かった。ミルクのような白い身からミルクフィッシュと英語で呼ばれる小型の魚だ。どこの夜市に行っても屋台のような小吃店の看板には決まってこの名前がある。粥に入れて食べるのが一般的だ。小骨が多く、少しばかり厄介な気がするのだが、そう思っているうちは、この台湾名物の味がわからないということかもしれない。空撮を駆使したドキュメント映画「看見台湾（邦題・天空からの招待状）」によると、養殖漁業が盛んな台湾では全漁獲量の三割を養殖魚が占める。卵がカラスミになるボラも最近は天然ものになかなかお目にかかれないとも聞いた。養殖は大量の水を必要とするだけに、映画は地下水の汲み上げで地盤沈下が進む地域が増えてきたと解説する。

潟湖の南側に冬の訪れとともに渡来するクロツラヘラサギ（黒面琵鷺）の保護区があった。観察所には三十人ほどのバードウオッチャーがいた。六百メートルも先の干潟にいる二百羽ぐらいの群れは、双眼鏡ではとても識別できず、熱心に観察している人から望遠鏡を借りる。それでも時々首を擡《かし》げて見せる特徴のある平たい嘴《くちばし》で初めて分かる程度だ。

クロツラヘラサギは越冬地が台湾などに限られ、生息数が極めて少ない。二十年近く前の春、やはり曾文渓の河口で大陸北部に帰る前の六羽を見たことがある。当時は世界でも四、五百羽といわれていた。干潟に隣接して工業団地の建設計画があり、自然保護団体が反対運動をしていた。いまは保護区が機能して、二千羽を超えるまでになった。養殖池周辺の地盤沈下など多くの問題が残るものの、環境保全への試みは確実な成果を上げているようだ。映画としては地味な「看見台湾」が観客動員百万人以上の大ヒットになったのは、台湾の人たちが島の魅力を改めて知ったからだと話してくれた友人がいた。

台湾の野鳥は四百五十八種類が確認されている。日本は一般に五百五十種と言われている。日本と同じように愛好家たちの組織があり探鳥活動を楽しむ人は全島に約三千人いる。台北市野鳥学会は会員が千人だ。各地で月に二回ほどの探鳥会が開かれている。

四月初旬、タカの渡りが見られるというので、淡水から淡水河を挟んで対岸の観音山に出かけたことがある。毎年この頃になると、朝鮮半島、中国北東部へ渡っていくタカが、この観音山周辺で一度羽を休める。遥か上空を、日本では九州、南西諸島を秋に南下するアカハラダカが何羽も舞っていた。ハト位の大きさの小型のタカだけにベテランの指摘でようやく確認できた。日本ではポピュラーなサシバ、魚を餌にするミサゴもいた。その日の飛来数は愛好家たちが黒板にマークしていく。識別図鑑などの臨時販売テントもでき、係員が子供たちに丁寧に見方を教えていた。将来のバードウオッチャー養成コースは満員だった。

観音山周辺の森は繁殖期を迎えて、さえずりが楽しかった。沖縄では留鳥のシオガシラが最も個体数が多く、他にタイワンオナガ、クロヒヨドリなど日本にも仲間のいる鳥たちを双眼鏡で追う。全体が緑色の鳥で頭部だけが青、赤、黄、黒で彩られたゴシキドリがレンズの中に飛び込んできたときは思わず「やったー」と日本語が飛び出した。台北郊外のハイキングコースだが、鳥の個体数は日本の野山に比べて圧倒的に多かった気がする。東京近郊では年ごとに鳴き声は少なくなり、個体数が減っているといわれる。すべての責任を農薬散布などに押し付けるわけにはいかないが、野鳥の生息環境は確実に劣化している。

野鳥観察は郊外だけでなく、台北市内の大安森林公園でもできる。公園中央の池には双眼鏡とカメラを持った人たちをよく見かけた。アジアの公園でジョギングする人たちを見ながら、ジョギング、ウォーキングは社会の文明度、文化度を測る一種の尺度ではないかと感じたことがあったが、バードウォッチングもその一つになり得ると同時に、台湾が穏やかでゆとりある社会だと改めて思った。鳥を観

七股潟湖の野鳥観察所。双眼鏡をのぞきこむ人たちの仕草はどこも同じだ。好奇心いっぱいだった

察している人の中には、趣味を超えて環境問題に関心が向く人もいるかもしれない。

最近の社会は市民と渡り鳥を悪の連鎖で繋ぎかねない。市場で鳥インフルエンザの蔓延を防ぐために鶏の処理が禁止されたことは前に書いた。渡り鳥は大陸から暖かな越冬地を求めて南下したり、繁殖のために北上したりする。感染地域をさらに広げることは十分考えられる。

アジアの鳥インフルエンザの人への感染は、一九九七年に香港で確認された「H5N1」型が最初で、この十年間にインドネシアで百九十四人が発症、百六十二人が死亡したほか、ベトナム、カンボジア、タイなどで患者が出るなど、すでに常態化している。これまでは散発的な発生に留まっているが、今後どのように変異するかは予想がつかない。「H7N9」が中国で確認された時は、タイで生きた鳥類の持ち込みを禁止したと伝えられたが、大胆な家禽処理対策を打ち出すには、自国でウイルスが発見されるという非常事態が必要なのかもしれない。

鳥インフルエンザという感染症は、家禽と共生してきたアジアの人たちの生活スタイルへの挑戦だ。人間の経験、知恵といったものでは推し量れない、何か運命的なもののように思えてくる。

感染症は鳥インフルエンザに限らない。ほとんど忘れたような「狂犬病」が台湾で半世紀を超えて再び発生する。一米ドルが三百六十円だった時代に東南アジアへ行った時の狂犬病予防注射の痛い思い出が蘇る。米国西部の農場で少年の愛犬が狂犬病にかかる古いディズニー映画「黄色い老犬」を見た時の恐怖を台北で思い出すとは思ってもみなかった。

二〇一三年七月、行政院農業委員会は台湾中部山間部で一二年春から冬にかけて死体で見つかったイタチアナグマ三頭から狂犬病ウイルスを検出したと発表した。イタチアナグマの死体発見は中部から南部に広がっていき、八月中旬には七十五頭になった。政府の対応は防疫面での経験者が不足している上、研究者も少なく心許ない。全島を網羅した野生動物の調査は難しく、どれだけ蔓延しているかは不明だ。しかも、飼い主のいない野犬は八万頭いるともいわれる。死体発見の報告はその後なくなったが、いつまたという危惧は残ったままだ。

台湾の狂犬病は一九四八年に初めて発症が確認され、三年後には二百三十八人の死者を出した。六一年を最後に姿を消し、日本と同様に発生地から除外された世界でも数少ない地域だった。五十二年振りの発生がどのような経由をたどったかは解明されていない。

狂犬病は紀元前からその存在が確認されながら、現在まで治療法が確立されていない。世界中で毎年五万五千人が死亡し、半数以上がアジアといわれる。厚生労働省が二〇一三年七月、世界保健機関（ＷＨＯ）データなどでまとめた〇八年の死者は、インド二万人、中国二千四百六十六人、フィリピン二百五十人、タイ九人となっている。東南アジアでは他にミャンマーが千百人（〇六年）、インドネシア四十人（同）ベトナム六十四人（〇九年）などが報告されている。シンガポールだけは発生していない。

この感染症の特色の一つは、社会の受け止め方に危機意識が薄いということだ。台湾の公共テレビは発生直後から連日、野生動物にむやみに接するな、愛玩動物を捨てるな、などと呼びかけているが、「致死率一〇〇％の伝染病」再発生への驚きと不安がなかなか伝わってこない。狂犬病ウイルスを持った動物に咬まれなければ安全であり、新型インフルエンザのようなパンデミックになる恐れも少ないからだろうか。

台湾の事例は、発生が日常化している国々にとっては大きなニュースにならないだろう。それが狂犬病の現状をある意味、言い当てている。社会に緊迫感が少なく医学的な解明も進まないことが、この古典的な疫病をいまの時代まで生き残らせているのかもしれない。

狂犬病は野生動物と人間社会の関わり合いに改めてスポットを与えた。

最近の話題は台湾中部の苗栗《びょうりつ》県でバイパス道路の新設が小型山猫、石虎《シーフー》の生息地を通るとして計画見直しに追い込まれたことだ。石虎はアジアに広く分布するベンガルヤマネコの亜種でイリオモテヤマネコ、ツシマヤマネコの仲間だ。人家に比較的近い山野を住処にするため、日本統治時代は一万頭いたとみられる個体数も現在は五百頭程度になったといわれる。

台湾に生息する哺乳類は七十種を数え、日本の百九十種よりは少ない。タイワンジカはかつて全島に分布していたが、オランダの安平占拠以後、高価な鹿皮を得るために乱獲され、一九六〇年代末にはほぼ姿を消した。八四年、最南端の墾丁国立公園が園内の一部を生息地として保護活動に乗り出し、二〇一三年には二百頭を超えるまでに復活している。標高三千メートルから三千五百メートルの山地に生息するタイワンツキノワグマは、漢方薬、中国料理などの材料として密猟、密売が続き、生息数は数百頭と推定されている。タイワンカモシカも台湾東部の景勝地、太魯閣《たろこ》峡谷《きょうこく》の景観をつくる大理石の絶壁で偶然発見されたことがニュースに取り上げられるほどだ。中央山地をトレッキングすれば、キョンと呼ばれる小型のシカ、タイワンザルなどに出会うこともあるかもしれない。タイワンカモシカの外敵、ウンピョウ（雲豹）は絶滅した可能性が高い。

北投の露天風呂は四五度の熱さだ

台北の冬は思いのほか寒い。東北からの湿潤な季節風が一二度前後の気温を更に低く感じさせる。冷え込んだ体には温泉が一番だ。年明けの一日、台北駅から地下鉄で北に三十分の北投温泉まで足を延ばした。北投の地は四百年以上前から先住民ケタガラン族の集落があり、日本が台湾を領有する前年の一八九四年、ドイツ人硫黄商人によって温泉が開発された。

北投の露天温泉入口。「水着でご入浴お願いします」と日本語の表記もある

新北投駅から歩いて五分も行くと、露天温泉浴池がある。入湯料は一人四十圓。水着着用が規則で、売店にはカラフルな水着が何着も吊るしてあった。場内には電話ボックスのような更衣室と着替えなどを入れるコインロッカーが整備され、撮影禁止の札があちこちに掛かっていた。

温泉街の中央を流れる北投渓の小さな段丘を利用した千二百平方メートルほどの温泉浴池は、露天風呂が上から四三―四五度、三八―四三度、三五―四〇度と三つあり、冷水風呂も二つあった。硫黄分を主体に鉄分などが入った泉質の湯は少し黒味を帯びた半透明で、硫黄の臭いはあま

少帥禅園風景。屋根瓦の下の改装前の光景を想像してみる

りしなかった。
温い風呂から入っていく。最も熱い湯は体がピリピリする。男女混浴だが全員が水着姿なので、「混浴」と表現していいものか。小さなプールの水が温泉になったと言った方が適切かもしれない。のんびりと湯に浸かる家族連れ、おばさんグループ、老人会、若いカップルに囲まれ、こちらもリラックスしてくる。頭にタオルを載せている人も多く、水着姿を除けば日本の温泉と変わらない。見上げた空から、ガジュマルの大木やバナナの葉っぱが覗き込んできた。

台湾の人たちは温泉が大好きだ。温泉浴池近くの川は、子供たちが足湯をしながら遊び場にしていた。流れは温もりを感じる程度でも温泉気分は楽しめる。全島には山に海に変化に富む温泉があり、テレビでは秘湯めぐりの番組も見かける。まだ小さな湯船の個室を好む人が多いが、日本に旅行した人たちの中には、水着なしに違和感のない人が増えてきたと聞く。

湯上り後、涼風を背にしばらく上ると地熱谷だ。噴き出した温泉が小さな池をつくり、湯煙が上がっている。温度は九〇度以上で底は淡い翡翠《ひすい》色をしていた。主成分の青硫黄にはラジウムが含まれる。北投渓に流れ込んだときの温度変化で結晶化した鉱石は「北投石」と呼ばれ、世界で他に秋田県・玉川温泉にしかない。珍しい石のため持ち去る人が後を絶たず、台北市は二〇一三年末、ようやく北投渓の一部を自然保護区とした。

温泉地の奥まったあたりは山を切り開いて高層ホテルが建ち、その合間に瓦屋根の民家がいまも多く点在する。陽明山に抜ける山道にはススキが群生していた。三十分近く登っていくと、一九三六年に西安事件を起こした張学良が軟禁されていた旧居、少帥禅園にたどり着く。

張学良は国共内戦の停止と抗日戦を要求して蒋介石を監禁、周恩来の調停で釈放後、第二次国共合作の道筋ができる。日本の敗戦時すでに国民党によって逮捕・軟禁されており、翌年台湾に移送され、五七年から居住した。

蒋経国と張学良。毒気の消えたような初老と中年の男たちなのだが…

旧居はレストランなどに改築されたものの、構えは日本家屋そのものだった。戦前は総督府と軍部の接待所として使われ、神風特攻隊が出撃前、宴を持ったともいう。張学良が夫人とともに暮らした居間が再現され、小卓、青磁の壷を収めたガラス箪笥、四枚羽の小さな扇風機、ラジオなどが展示されていた。広い縁台からは西に淡水河を越えて観音山を望み、中庭では紅梅が咲き始めていた。六〇年に撮影された蒋経国との写真も飾られている。並んで立つ二人の姿が、様々なことを想像させた。張学良と西安事件に対する評価は定まらないままだが、中国・東北地方に生まれ、大陸を縦横に動き回った彼にとっては、この山間の一角はあまりにも狭い。蒋介石もまた台湾という島に軟禁されたともいえる。一旧居か台湾島の違いだけではなかったのか。二人にはどうしても不自然だという思いは、台湾が大陸とは異なる風土だということを実感させるに十分だった。

春聯が旧正月の街を彩る

台北の街は一月末、金と赤で彩られた春聯《しゅんれん》、鞭炮吊飾《べんほうちょうしょく》（爆竹飾り）で装いを整え、旧正月（過年）を迎える。二〇一四年の元旦（初一）は三十一日だった。年明けに向け、民家の門柱、門扉、マンションの入口、商店の軒先に貼られた春聯は日毎に増えていく。華やかに変身する街は、文具店などが突然、店中を春聯、紅包《ホンパオ》（お年玉袋）で溢れさせ、一層の煌びやかさを加える。「過年」は昔からの言い方だ。大陸で使われる「春節」は敬遠されがちだとも知った。

春聯の由来は上古に遡り、明朝になって紅紙が使われ「春聯」の名も定着したといわれる。一般的には、金字か墨で「一年四季春常在（一年に四季はあるが、春は常にある）」「萬紫千紅永開花（万華鏡のように永遠に花は咲く）」など縁起のいい対句を揃えた二枚の赤い紙だ。スタイルは多様で、菱形の紙に書かれた「福」の字を逆さにしたりする斗方《とほう》、字を横書きにして門の上などに貼る春條《しゅんじょう》もある。

台北駅の北西にある迪化街《てきかがい》は毎年、正月用品セール（年貨大街）が開かれる。「來臺北過好年（台北

正月飾りでいっぱいの文具店。金、紅の色たちは夢幻と無限の世界を演出する

に来て、良い年を過ごしましょう)」の横断幕が掛かる五メートルほどの通りは、両側から迫り出した出店で更に狭くなっていた。フカヒレ、アワビ、シイタケといった乾物類、豚肉のベーコン、ソーセージ、豚足、鶏肉、イカを細かく切った燻製、スイカの種に、中華餅、長寿を意味する亀を象った紅亀粿《ホングゥエイカー》など正月用の菓子類が並び、干柿(柿餅)は一個十圓だった。一角ではクロネコヤマト(黒猫)宅急便の出店が頑張っていた。

買い物客は売り子の勢いと山盛りに積まれた商品に圧倒されながら、それでもしたたかに良質で少しでも安い物を物色する。普段はバスに乗っても地下鉄でも人と人がぶつかり合うような混雑は少ないだけに、上野のアメヤ横丁に似た感覚は久しぶりだった。

正月の食卓に、鶏と魚は欠かせない。鶏料理は台湾派と大陸派に分かれる。台湾派は丸ごと塩をつけ、醤油、ニンニクを加えて煮込む。台湾語の鶏の発音が家(家庭)に近いことから一家全員に幸いを呼び込むという習わしだ。大陸派は、紹興酒、棗《なつめ》、枸杞《くこ》などで味付けした酔鶏腿《ズゥエイジートゥエイ》に人気がある。魚も中国語では「余」と同じ音で、お金がたまるという縁起かつぎからきた。大晦日の夜は親族が集まって鍋を囲む家庭が多い。最近はレストランを予約する

古刹の龍山寺。日本では行ったことのない初詣をした。ご利益はあったのか

家も増えてきた。年越しそばの習慣は聞かなかった。

柔らかな大気を肌で感じながら過年を祝う人たちに囲まれていると、農暦（旧暦）は新暦とは違って自然との共生の中から生まれた暦だと納得する。日々の営みを森羅万象との調和によって成り立たせてきた知恵を感じる。

過年は日本統治時代も総督府の意向を無視して守られてきた。アジアの国々の多くはいまでも新年は旧暦だ。韓国ではソルラル、ベトナムではテトと呼ばれ、タイは四月中旬のソンクラーンだ。世界のスタンダードである西暦と自分たちのものは違うのだ、という発想に揺るぎはない。日本でも沖縄の新年や端午の節句などのようにまだ旧暦が生きているところもある。お盆も新暦七月の東京方式が全国を席巻しなかった。迎え火はやはり、八月の中頃が相応しい。

初一の朝、古刹龍山寺《りゅうざんじ》は山門前に喜捨を求める僧侶が列をつくり、初詣客は大提灯「平安總燈」の下を次々に潜りながら手を合わせていた。本尊前の供物台は、パイナップル、リンゴ、菓子、ウィスキー、水のペットボトルが重なった。線香で燻る境内の人たちを見ながら、市内で龍山寺と並んで信仰を集める行天宮のことを思い出す。商売の神様である三国志の英雄、関羽を祀る廟は一三年八月から環境保護を理由に大香炉を取り除いていた。毎日膨大な線香が焚かれていただけに、辺りの空気は少しはきれいになったかもしれない。どちらのスタイルが御利益を呼ぶかという話はまだ、聞かない。

華新街はビルマ文字で溢れる

台北から淡水河を南西に越えて新北市中和区に入ると、ミャンマー（緬甸）から台湾に移り住んだ華僑・華人が多く暮らしている地区がある。旧交を温め情報を遣り取りする場は長さ五百メートルほどの華新街だ。入口に「南洋観光美食街」という標識が立つ。旧正月（過年）はここでもいつもとは違う賑わいを見せ、春聯《しゅんれん》、鞭炮吊飾《べんほうちょうしょく》（爆竹飾り）が彩りを添えていた。

「緬甸小吃店《ミエンディエンシアオチーディエン》（ミャンマー料理の軽食店）」「雲南口味（雲南の味）」「異郷小吃（異境の軽食）」といった看板が目につく。漢字の脇に添えられている丸っこいビルマ文字は意味を想像するしかない。世界中どこにもチャイナタウンがあり、漢字がそこだけぽつんと浮かんでいるような街は珍しくないが、ここの景色はその反対だった。通りの横にある市場は台湾の市場そのもので、肉、野菜、果物、乾物といったお馴染みの食材に溢れていた。ビルマ文字を眺めながら、横丁に入っていくとなにか不思議な気がした。

東南アジアの品々を並べる「緬甸泰国—東南亞食品専売店（ミャンマー、タイ—東南アジアの食品専門店）」の奥には仏壇があり、ビニール袋に包まれた仏像が棚に並んでいた。「瑞雲小吃店」は壁に漢字とビルマ文字のメニューが貼ってある。一杯五十圓の「仰光（ヤンゴン）魚湯麺《ユイタンミエン》」も配列は同じはずだと見比べてみる。八十圓の炒飯はサラミ風ハムに生タマネギがたっぷり入っていた。主人は二十年ほど前にミャンマーから来て店を構えたと話した。

店先の通路は騎楼になっていた。店の二階が道路際まできて、下はアーケードだ。通路にはテーブルがいくつも並び、男性たちの社交場だった。女性は少なかった。ミャンマーに郷里を持つ人たちは、一つのテーブルで新年の挨拶を交わし、雑談をしてはまた次のテーブルに顔なじみを見つける。飲み物は決まってミルクティーだ。一杯三十圓の飲み心地はミルクに紅茶を入れたような濃厚さで、東南アジアからインドで経験した味を思い出させてくれた。通りに緑だけが足りなかった。以前訪れたヤンゴンはホウオウボク（鳳凰木、火炎樹）などの大木の下に街が広がっていた。これで所々に木々の木陰があったら、益々同じ匂いを感じるだろうと思った。

台湾では東南アジアなどから来た人たちを「帰国華僑（帰僑）」と呼ぶ。日本大学・清水純氏の「台湾と東南アジアを結ぶ華僑・華人のネットワーク」に詳しく、帰僑はタイ、ベトナム、インドネシアなど東南アジア全体に及んでいる。ミャンマー華僑は十万人以上といわれ、閉塞した政治体制の将来を悲観して、あるいは経済的な発展を求めて、台湾に生活の場を求めてきた人たちだ。中和区だけでも台湾生まれの若者らを含めて五万人前後が住んでいるとみられ、華新街には「緬甸《ミャンマー》帰《き》僑《きょう》」の看板を掲げた立法委員（国会議員）の連絡事務所もあった。ミャンマー以外の帰僑が中和区のように一か所に固まって暮らす地区はあまり聞かない。

台湾とミャンマーの関係は深い。第二次大戦中、連合国軍は中国大陸で日本軍と戦っていた国民党軍を支援するため、インドからミャンマー北部、雲南省西部に通じる「援蒋ルート」によって物資などの補給にあたった。日本軍のインパール作戦はこの遮断が狙いだった。国民党政府は連合国軍の動きをサポートする遠征軍を派遣、戦闘による死傷者は十万人を超えたといわれる。一部はそのまま現地に残り、ミャンマーが中国と国交を樹立する一九六〇年までアヘン栽培を資金源として「独立軍」を維持していた。外国人労働者の解禁前は当時の伝手を頼ったミャンマー人アマが多かった。

華新街。地下鉄駅を降りてしばらく歩くと忽然とミャンマーの街が現れる

台北市北部の忠烈祠は、三十万人を超す国民党軍将兵を祀る。ミャンマー北部で倒れた兵士らの英霊は、ビルマ遠征軍から七十年経った二〇一四年八月に初めて祀られた。中央通信社は立法院（国会）国防外交委員会議員らの提案で調査チームが立ち上げられ、激戦地での法要を終えた後、御霊を忠烈祠に迎え入れる儀式が営まれたと伝える。

東南アジアでは華僑・華人が経済の実権を握る国が少なくない。だが、すべての華僑が経済力に秀でているわけではなく、多くの普通の人たちは時々の政治状況、社会状況に翻弄

バンコクの中華街・ヤオワラート通り。タイの雑踏が好きだ。通りはどこが表でどこが裏かわからない

されながらもしたたかにその地に根を張って生きている。それでも時に逃れるところは必要になる。アジアの華人社会にとって台湾は、なくてはならない存在だ。台湾の人たちは自由な社会を事ある度に強調するが、華人たちの心の中に占める自分たちの価値をどこまで認識しているのだろうか。

一九九〇年代の初め、ベトナム・サイゴン（ホーチミン市）のチャイナタウンで貿易商社を経営する華人に会ったときのことだ。ベトナム経済から華人たちのネットワークに及んだ話が一段落すると、突然彼は机の引き出しからゴムで結んだ古い名刺の束を出してきた。南ベトナムが台湾と外交関係を結んでいたころの商売相手だった。南ベトナム政府は六〇年代から南ベトナム民族解放戦線、北ベトナムとの間でベトナム戦争を展開するが、七五年のサイゴン陥落によって崩壊する。台湾もまた七一年の国連脱退以後、「国家」として承認する国は限られ、現在は中米の小国など二十二か国に留まる。

貿易商は国と国の付き合いが途絶えても大事に保管していた名刺の束を手にとり、「いつかまた、商売をすることがあるかもしれない」と笑顔を見せた。国名が変わったり国境が変わったりしても人の付き合いはなかなか変わらないし、終わらないのだと教えられた気がした。

台湾からアジアの他の地域に行き、チャイナタウンなどを歩くと、親近感とも違うのだが、ある種の同心円の中に入らせてもらっているような感覚に包まれる。

タイ・バンコクを二〇一三年秋に訪れ、中華街、ヤオワラート通り（耀華力路）の漢字の看板に出会ってほっとしたことがある。大通りから路地から発散される雑然とした賑わいは、中国人のエネルギーが一か所に集中することで生まれるのだろうか。中国大陸、台湾などとは違う空気を感じる。

大きな看板は決まって金（ゴールド）を扱う「金行」だ。大陸からの旅行者はまだ少なかった。バンコクに住む華人があれこれと物色している様子は、穏やかな感じすら与える。フカヒレ、燕の巣といった高級食材を扱うレストランに、タイ小吃などの屋台も位負けだけはしていなかった。通りの一角では二か月以上先の新年のカレンダーが並んでいた。旧正月にはきちんと祭日の赤丸がついていた。

店内を覗きながら、中国系タイ人であるタクシン元首相の写真を探した。バンコクの華人は多くが中国・広東省東部の潮州にルーツを持つ人たちで、元首相は少数派の客家《はっか》だ。いまも大きな影響力を持っているだけに支持者がいても不思議ではない。一枚ぐらいは飾ってあるのではと思ったが、見つからなかった。

バンコクで発行している華字紙を見つける。手に取った一面には台湾の馬英九総統が靴を投げられたという記事が写真入りで載っていた。中面には二ページを割いて「台湾新聞」「台湾経済」面があり、大陸と同等の扱いから台湾の近さが伝わってくる。繁体字を使っているので、台湾系の新聞だろうと推測してみる。あるいは東南アジア華人のバランス感覚だったのかもしれない。通りにいつまでも立っていたいと思う気持ちは同心円の中の居心地の良さか。

南港の茶畑に山霧が舞っていた

モスクワのエルミタージュ公園に中国茶を楽しむ「大同茶館」があると聞いて取材したことがある。帝政ロシア時代にできた公園は、ポプラの緑がようやく淡く輝き始めるころだった。

茶館は森閑としていた。香が焚かれていた。中国の扇子が壁に掛けられ、易の説明書が張ってあった。大きな手をしたロシアの人たちが、小さな茶器を器用に扱いながら中国茶を飲んでいた。水は郊外の自然公園から運んでくる。雪解けに湧き出る水は、大気より少し柔らかく温かだった。

主宰者のブロニスラフ・ビノグロツキーさんは中国古典を研究し、凍頂《とうちょう》烏龍茶で知られる台湾中部の鹿谷郷《ろくこくきょう》に行ったことがあった。「霧の中で朝を迎えた。山の霧は、若い女性の甘い息のようだった。山が生きていた」と愛おしげに振り返ってくれた。「ロシア社会からイデオロギーがなくなり、みんなが毎日、夜が明けて今日はどう生きたらいいのかと考える。これまでの価値観が崩れていくとき、東から来た文化が心を豊かにさせる手段になっている」とも話した。十五年も前の話だ。いまのロシア社会はどうなっているのだろうか。変わったのか、いまもそのままなのか。

鹿谷郷は海抜五百メートルから千メートルの山間に茶畑が広がる。ほぼ中央の凍頂山台地が凍頂烏龍茶の産地だ。早春に訪れたとき、朝霧の細かい糸玉のような粒は、連なったり離れたりして尾根と谷間の茶畑を上がっていった。新芽の一面に水滴がつき、枝のそこここに白い花が咲いていた。春茶の季節を迎え、栽培農家の張木椿《ちょうもくちん》さんが霧の動きを見つめていた。早く上がれば茶摘みに取り掛かれる。「霧が毎日出れば、それだけ甘みが増す」と話した。

茶芸館。茶を入れる作法はすべて「自分流」だ

異文化に想いを込めるロシアの人たちと鹿谷郷を懐かしみながら、台北の茶芸館の一つ、回留で「泡茶」を楽しむ。梨山冬茶は一三年もので三百五十圓だった。アルコールランプで湯を沸かし、まず茶器を温める。茶葉を入れて香りを味わい、次いで器を代え、ゆっくりと飲み始める。細かな所作、嗜《たしな》み方に縛られることの少ない泡茶だけに、人それぞれの間があった。柿餅、桂花糕《グウェイホアガオ》などの茶菓を口に含み、二杯、三杯と茶葉の開くに任せる。二千メートルを超える山で採れる高山茶に仄かな甘みが残った。

台北の南に位置する猫空の丘陵地帯は烏龍茶の逸品、木柵鉄観音の故里だ。

泡茶に人気が出たころ、知人らと四阿《あずまや》仕立ての茶芸館に入り、周りの雑木林を眺めながら木柵鉄観音を初めて味わっ

観雲居の入口。隠者が暮らしているのではないか。そう思った

た。凍頂烏龍茶よりも発酵度が高く、焙煎も深い。一人はつまみのカボチャの種、スイカの種を潰して口に入れながら、「ブームは人々の暮らしに余裕ができたからでしょう。あくせくするだけの生活だったら、こんな山まで来る人はいない」と話し始めていた。ロープウェイの建設計画が持ち上がっていただけに、大勢の人たちが押しかけてくるのを少しばかり気にしていた。「空気が、だんだんと脂っこくなってきそうだ」とつぶやいた。ゆったりとした口調に、静謐《せいひつ》な世界を独り占めしたい気持ちと、より多くの人が楽しむべきだという気持ちが交差していた。

ロープウェイは二〇〇七年に開業する。ゴンドラはパンダのいる台北市立動物園、台湾道教の本山である木柵指南宮を次々に経由して、海抜三百メートルの終点、猫空《ねこぞら》駅までは四キロ十七分の旅だ。久しぶりに駅を降りて驚く。その様変わりは、軽食類を売る小吃店を辺りの主役へと押し上げていた。茶畑は減り、寄り添うようにあった茶芸館も奥へ奥へと引っ込んでいったという。

空気が変わったかの思いは、人それぞれだろう。山間の向こうに台北の街が見え、山並みは北東に尾根が延びて南港へと続いていた。

南港茶園と総称される海抜四百メートルほどの一帯は発酵度の浅い包種茶を生む。一八世紀末、中国・福建省から持ち込まれた苗木が栽培され、台湾包種茶の発祥の地になったと聞く。「包種」は烏龍茶を赤い印を押した正方形の紙に包んで出荷したからだとも伝えられる。南港の地名は山裾を流れる基隆河の南岸が港として機能していた時代に由来していた。

南港茶園。茶畑は辺りの自然と一体となっていた

茶園を訪れる人は少ない。冬の一日、台北市東部の市街地から一時間に約一本の小型バスで登る。三十分もするとすでに人々の雑踏は彼方にあった。茶畑は照葉樹の木々の合間に、ひっそりとしていた。遊歩道にはキンモクセイ（桂花）が植えられていた。

観雲居という茶芸館の鄙《ひな》びた佇まいに足が向いた。野外にテーブルが用意され、包種茶が三百圓、桂花茶が四百五十圓の品書きが見えた。二種類とも注文する。桂花茶は緑茶に近い包種茶に比べ黄緑色が強く、芳香を放って少しばかり刺激的だった。時間を止めようと思えばいつでも止められた。そしていつまでも続けられた。

シュロ（棕櫚）、クスノキ、ヤマザクラに囲まれ、ブーゲンビリアが紅い花を咲かせていた。山霧が舞っていた。谷を隔てた九十九折の道と茶畑の先に、雲の流れを追いかけた。

あとがき

台湾は私にとって長い間「一つの地域」だった。朝日新聞記者としてアジアをフォローした一九八八年からの十八年間、台湾を「国」と表現したことはなかった。国際社会は中華人民共和国を「一つの中国」として承認し、中華民国という正式な国名を持つ台湾は「地域」として扱った。

二〇一三年二月から二年間、朝日新聞をすでに退職していた私は、台湾に暮らしてみた。国でありながら国でない台湾とはどういう歴史を持ち、そこに住む人たちはどのような感覚で日々を送っているのだろうか。国際社会の決まりごとを取り除き、市井に入り込み、ゆっくりと眺めてみたかった。アジアへの新しい視点もまた生まれてくるかもしれないと思った。台北生活は私なりの「看見台湾」だった。

夜市の雑踏に戯れ、市場の喧噪に身を委ねた。古跡と指定された城郭に立ち、大陸と往来した港から漁船を見送る。紅ヒノキの深い森に迷い、サトウキビ畑に埋もれた。先住民の祭りに出合い、蜂起した山峡を歩いた。この国の人たちには、歴史がもたらす重圧とは無縁の伸びやかさがあり、およそ権威というものとは別次元の普通の人たちが築いた社会がある、と思うことがあった。

一つの記憶がある。一九九二年八月、私は台湾が中韓国交樹立を受けて発表した韓国との国交断絶を取材するために台北にいた。

街には「断交」という言葉が本来持つ、あるいは持つべき重みというものが、希薄だった。道行く人たちの表情からは、むしろ反応の軽さだけが奇妙に浮き上がって見えた。その違和感が終始、付きまとった。台北最大のデパート「太平洋崇光百貨（ＳＯＧＯ）」は、いつものような賑わいを見せ、韓国大使館前の通りからも、抗議の声はほとんど聞こえてこなかった。新聞各紙が一面、二面、三面を割き、テレビもトップニュースで追いかけたが、報道と市民の受け止め方とには差があった。

台湾の人たちにとって、国と国が正常な関係を断つのは、決して目新しいことではなかった。それによって世の中がひっくり返るとか、将来が真っ暗になるといった事態は起きないことを、すでに経験則として知っていた。七一年の中国国連加盟以来、国際社会から締め出され、七九年の米中国交正常化によってそれは決定的になる。例外的に台湾を承認してきた韓国が、大勢に従っただけに過ぎないという気持ちが強かったはずだ。「国家」として認めてくれる国が多いに越したことはない。少なくても構わない。「政治」の世界でどれほど負けても、「経済」で生き残ってきたし、これからも生き残ってみせる、という思いが、冷静というよりも冷淡な表情を可能にさせていた。

その経済はすでに大陸とは切っても切れない太いパイプで結ばれている。中国の「統一」攻勢は、経済に政治を絡ませて年々、激しく巧妙になっている。状況は二十三年前とは大きく変わった。一方で、台湾を「郷里」と考える台湾人意識もまた、止めることができないほどに膨らんできたとも思う。台湾の人たちは、不条理とも言える国際環境の中で、そのことも取るに足りないものへと変えていくだけの知恵を携え、したたか、かつ柔らかだった。

台湾にいると自分たちの歴史を米国史に重ね合わす人によく出会う。中国語の外国人用教科書には台湾史の一端をアメリカと比較する話が載っている。新大陸は一七世紀、大西洋を渡ってきた新教徒らによって東部から西部へと開拓が進んでいった。台湾は大陸からの移民らが西海岸に上陸した。共に先住民が暮らしていた。異なるところは米国が独立戦争に勝利して新しい国を船出させたのに、台湾への移民たちには、国をつくるという意思も意欲も持ち合わせていなかったことだ。

国の誕生とその盛衰というドラマを欠いた台湾の「不幸」はしかし、自由な考え方を育んできたと言うこともできる。世界中にナショナリズムが吹き荒れる時代に、台湾のように、自ら望んだものではないとはいえ、「国家」という枠組みを脇に置いてなお、発信力を持つ存在は、極めて稀だ。国家の柵《しがらみ》に囚われる現代社会を超えたところに価値を見出す貴重な実験なのかもしれない。

『私の台湾見聞記』は、台湾史をたどりながら、人々の営みを四季の移り変わりの中に綴ったものである。まとめ終えて、台湾の行く末は台湾だけの問題に留まらず、大陸との両岸関係、香港、日本をも含めたアジア全体の将来像に大きく係ってくる、と改めて思う。台湾の人たちが培ってきた社会のしなやかさ、そしてその社会を礎として描かれていくであろう国の姿とは何か。「台湾」への問いは、輪郭さえもまだおぼろげな答えを残していまも、心にある。

本書は、出版社「高文研」のホームページに、二〇一三年三月から一五年四月まで連載した「臺灣通訊」を加筆再構成したものに、バンコクのタイ情報紙「クルンテープ・ジャーナル」に掲載した「華麗島（台湾）通信」と朝日新聞掲載記事を一部加えたほか、新たに書き起こした。

二〇一五年一〇月

津田　邦宏

津田　邦宏（つだ・くにひろ）
1946年東京生まれ。早稲田大学法学部卒業。72年、朝日新聞社入社。香港支局長、アジア総局長（バンコク）を務める。著者に『観光コースでない香港・マカオ』（高文研）『香港返還』（杉山書店）『屋久杉が消えた谷』（朝日新聞社）など。共著に『近くて近いアジア』（学陽書房）がある。

私の台湾見聞記

●二〇一五年一二月 一 日―――――第一刷発行

著　者／津田 邦宏

発行所／株式会社 高文研
東京都千代田区猿楽町二―一―八
三恵ビル（〒一〇一―〇〇六四）
電話03＝3295＝3415
http://www.koubunken.co.jp

印刷・製本／モリモト印刷株式会社

ISBN978-4-87498-583-0 C0036

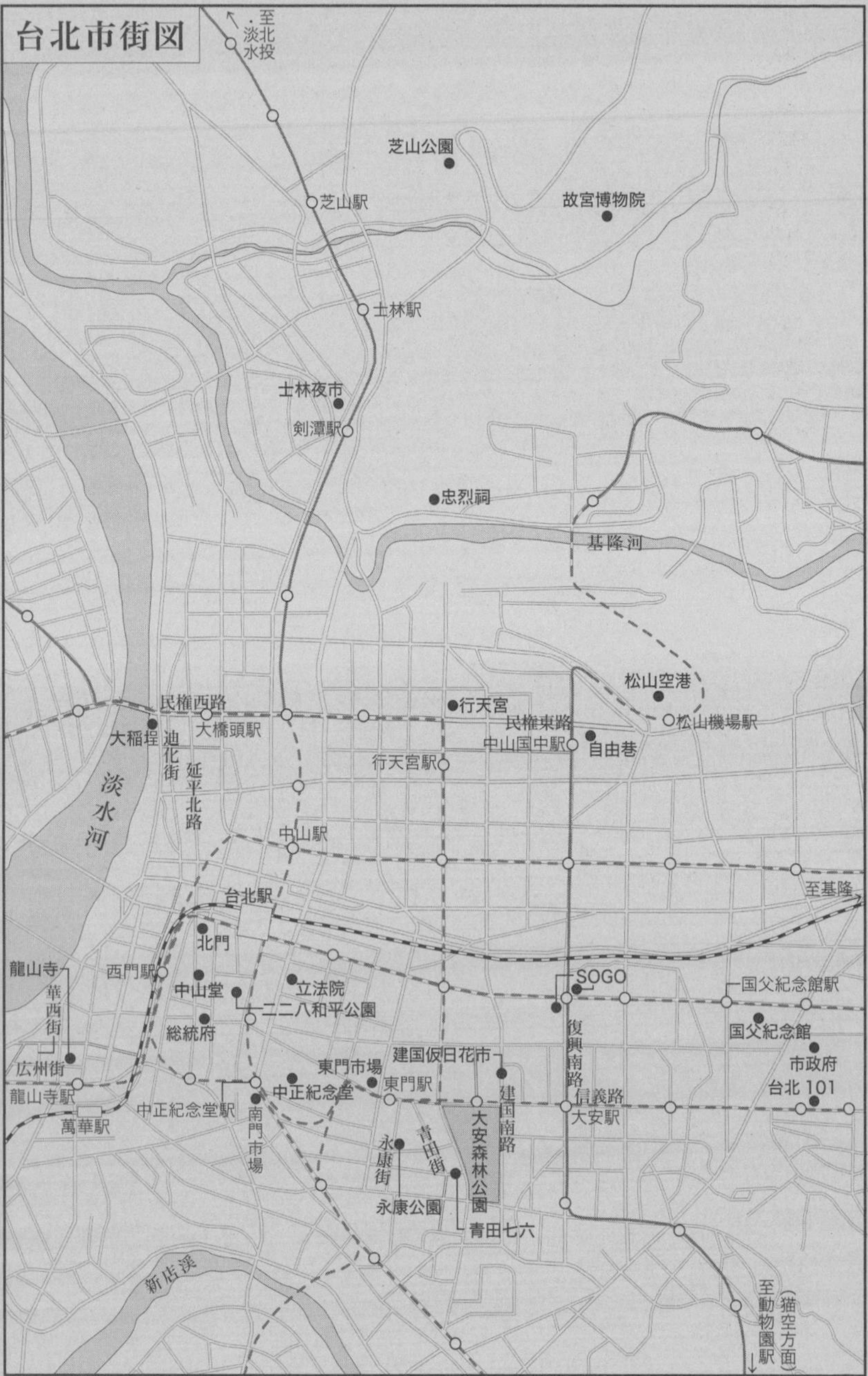
台北市街図
至淡水・北投
芝山公園
故宮博物院
芝山駅
士林駅
士林夜市
剣潭駅
忠烈祠
基隆河
松山空港
松山機場駅
行天宮
民権西路
大稲埕
大橋頭駅
迪化街
延平北路
民権東路
中山国中駅
自由巷
行天宮駅
淡水河
中山駅
台北駅
至基隆
北門
龍山寺
華西街
西門駅
中山堂
立法院
二二八和平公園
SOGO
国父紀念館駅
国父紀念館
総統府
復興南路
市政府
広州街
東門市場
建国仮日花市
建国南路
台北 101
龍山寺駅
中正紀念堂
東門駅
信義路
大安駅
中正紀念堂駅
南門市場
萬華駅
大安森林公園
永康街
青田街
永康公園
青田七六
新店渓
至動物園駅
(猫空方面)